아미타불 명호 사경

김현준 엮음

환희로운 마음으로
아미타불의 명호를 쓰면서
아미타불의 명호를 부르고
아미타불을 생각하며 기도를 하면
반드시 아미타불의 가피를 입어
현재의 소원을 이루고 극락왕생을 하게 되느니라

새벽숲

·아미타불 명호사경과 영험

'아미타불' 명호 사경은 아미타불에 대한 믿음을 더욱 깊게 하고 집중을 잘 할 수 있게 만들어, 아미타불의 큰 가피를 받을 수 있게 함으로써, 소원을 성취하고 해탈을 하는 기도법입니다.

무량수·무량광의 아미타불 명호를 써보십시오. '나무아미타불'을 손으로 쓰면서, 그 명호를 입으로 외우고 그 염불 소리를 내 귀로 듣고 마음에 새기는 '아미타불' 명호 사경은 크나큰 성취를 안겨줍니다.

이 명호사경집 1권으로는 '나무아미타불'을 한 번에 108번씩 50번을 써서 5,400번을 쓸 수 있도록 엮었으며, 감히 20권 분량인 10만 8천 번의 '아미타불' 명호 쓰기를 권합니다. 10만 8천 번을 쓰면 몸과 마음이 큰 변화를 이루게 되고 마음속에 자리 잡고 있는 원을 능히 성취할 수 있기 때문입니다.

부디 스스로의 처지와 원력에 맞게 아미타불의 명호를 쓰면서, 아미타불의 무한 자비광명 속에 흠뻑 젖어 보십시오. 모든 업장이 녹아내리면서 심중의 소원이 틀림없이 이루어지게 됩니다.

그럼 어떤 소원을 품은 이들이 '아미타불'의 명호를 쓰고 외우면 좋은가?

·부모 및 친척 영가의 극락왕생을 기원할 때

·내생에 자신이 극락정토에 태어나고자 할 때

·아미타불의 무량한 빛이 충만하기를 원할 때

·집안의 평온하고 복되고 안정된 삶을 원할 때

·입시 등 각종 시험의 합격을 원할 때

·구하는 바를 뜻대로 이루고자 할 때

·각종 병환·재난·시비·구설수 등을 소멸시키고자 할 때

·업장을 소멸시키고자 할 때

·악몽·공포 등을 멀리 떠나고자 할 때

·귀신의 장애를 물리치고자 할 때

· 풍부한 자비심을 갖추고 마침내 성불하기를 원할 때

이뿐만이 아니라 아미타불 명호 사경의 영험은 이루 다 말할 수 없으며, 아미타불께서는 무량한 자비의 빛으로 우리의 어떠한 소원도 저버리지 않고 포용해 주십니다. 부디 이 명호 사경을 하면서 아미타부처님께 소원을 구하여 보십시오. 반드시 소원성취가 이루어질 것입니다.

특히 이 명호 사경집은 '나무아미타불'만 반복해서 쓰는 단순한 형식을 과감히 벗어나, 1,300년 전부터 중국과 우리나라에 널리 유행하였던 '오회염불법五會念佛法'의 체제를 따라 새롭게 제작하였습니다.

아미타불께서는 당나라 승려 법조法照에게 직접 이르셨습니다.

"이 오회염불은 바람이 불 때 극락의 칠보수七寶樹에서 흘러나오는 음악 소리로, 다섯 가지 부처님의 음성인 오회불성五會佛聲이니라. 미래의 일체중생이 이 염불을 행하면, 아플 때 약을 얻는 것과 같고, 목마를 때 물을 얻는 것과 같고, 굶주릴 때 밥을 얻는 것과 같고, 어두운 곳에서 밝음을 만난 것과 같고, 보물창고를 만난 것과 같아서, 이 생에서 반드시 고해苦海를 뛰어넘어 물러남이 없는 불퇴전의 경지를 증득하고, 속히 육바라밀과 일체종지를 갖추어 성불함으로써 수승한 쾌락을 얻게 되느니라."

이렇게 아미타부처님으로부터 오회염불법을 배운 법조스님은 그 후 일생동안 오회염불법을 널리 전파하며 일생을 보냈습니다.

아미타부처님께서 말세 중생의 구원과 해탈을 위해 일러주신 이 오회염불법은 낮고 높은 음, 느리고 빠른 음으로 소리를 조절하여 '나무아미타불' 또는 '아미타불'을 외우는 염불, 곧 염불 노래입니다. 5회로 구분되어 있는 그 노래 방법은 다음과 같습니다.

제1회 : '나무아미타불'을 천천히 낮은 음성으로 노래함

제2회 : '나무아미타불'을 천천히 약간 높고 맑은 음성으로 노래함

제3회 : '나무아미타불'을 느리지도 급하지도 않게 끊임없이 노래함

제4회 : '나무아미타불'을 점점 급하게 부르되 '아미타'에 힘을 주어 노래함

제5회 : '아미타불' 네 글자만을 앞뒤 간격 없이 더욱 빠르게 노래함

이렇게 소리의 높낮이와 느리고 급한 빠르기, 음률까지 붙여 염불을 하게 되면 잡념의 제거는 물론이요 깊은 환희를 만끽할 수 있게 됩니다.

·아미타불 명호사경의 순서

※ 이 아미타불 명호사경집은 '나무아미타불' 정근을 할 때처럼 ① '나무서방정토 극락세계'를 먼저 쓴 다음 ② 아미타불 명호 108번을 쓰고 ③ 아미타불 본심 미묘진언과 예경문을 쓰는 것으로 매듭을 짓고 있습니다.

1. 명호를 쓰기 전에

① 3배를 올리면서, 첫 번째 절에 **"무량한 빛 무량한 수명의 아미타불이시여. 잘못했습니다(3번) 감사합니다(3번)"**를 염하고

두 번째 절을 할 때 불자의 기본이 되는 일상의 소원을 발원하십시오. 예를 들어, **"아미타부처님이시여. 가피를 내려 저희 가족과 일체중생 모두가 늘 건강하고 뜻과 같이 이루어지게 하옵소서(3번)"**

세 번째 절을 할 때 **"시방세계 불보살님들을 잘 모시고 불·법·승 삼보를 잘 받들며 살겠습니다(3번)."**라며 축원합니다.

② 그다음에 합장을 하고 단정히 앉아 개인적인 소원을 발합니다. **이 심중의 소원은 7페이지의 '아미타불 명호사경 발원문' 난에 써놓고, 사경하기 전과 사경을 마친 다음 축원을 하면 좋습니다.** 이때의 심중 소원은 어떠한 것이라도 좋습니다. 꼭 이루어졌으면 하는 소원들을 아미타불께 솔직하게 바치면 됩니다.

2. 아미타불 명호를 쓸 때

이제 '나무 서방정토 극락세계'로 시작되는 명호 사경을 쓰면 되는데, 가피를 구

하는 불자는 모든 가식을 비워버리고 진솔하게 명호를 사경해야 합니다. 정말 솔직하고 순수한 마음으로 온갖 슬픔·힘듦·답답함·억울함·불안함·고달픔·소원 등을 아미타불께 다 말하고 다 바치면서 기도하면 됩니다.

예를 들어 명호사경을 할 때 ① **명호를 쓰고 외우는 칭명법**稱名法, ② **명호를 듣는 문명법**聞名法, ③ **아미타불을 생각하는 염성법**念聖法이 하나가 되면 최상의 기도가 된다고 하였습니다. 칭명법은 내가 '아미타불'을 쓰고 부르는 것이요, 문명법은 내 입으로 부르는 '아미타불'을 내 귀로 듣는 것이며, 염성법은 쓰고 부르고 들으면서 아미타불을 생각하는 것입니다.

이렇게 내 입으로 '아미타불'을 쓰고 부르고, 내가 '아미타불'을 부르는 소리를 내 귀로 듣고, '아미타불'을 떠올리고 생각하고 대화를 나누는 명호사경기도를 하게 되면, 극락왕생은 물론이요 틀림없이 아미타불의 가피를 입어 어떠한 고난이나 근심걱정·병고 등의 괴로움을 능히 해탈하고 소원을 성취할 수 있습니다.

이제 처음에는 글씨를 크게 천천히 쓰다가 차츰 작게 빨리 쓰는 오회염불법에 따라 아미타불 명호를 집중하여 써 보십시오. 그리하여 아미타불의 자비광명 속에서 업의 껍질을 벗겨보십시오. 틀림없이 모든 것이 바뀌고, 주위에 행복이 충만하게 될 것입니다.

이제 몇 가지 참고사항을 열거하겠습니다.

① 명호사경을 할 때는 옅게 인쇄한 글씨만을 덧입혀 쓰고, 한자나 진하게 인쇄한 번역본 글은 쓰지 않습니다.

② 명호사경을 할 때 바탕 글씨와 똑같은 글자체로 쓰려고 애를 쓰는 분이 있는데, 꼭 그렇게 쓸 필요는 없습니다. 바탕 글씨를 크게 벗어나지 않는 범위 내에서 자기 필체로 쓰면 됩니다.

③ 그날 해야 할 명호사경을 마쳤으면 다시 스스로가 만든 '아미타불 명호사경 발원문'을 읽고 3배를 드린 다음 끝을 맺습니다.

· 사경 기간 및 횟수

① 만약 간략한 소원이나 일상생활 속에서 은근한 가피를 바라면서 '아미타불' 명호사경을 하는 경우라면 하루에 108번씩 1~3번 하는 것으로 족하겠지만, 꼭 이루고 싶은 다소 큰 소원이 있다면 10만 8천 번을 쓰는 것이 좋습니다 (20권 분량).

② 인쇄한 글씨 위에 억지로 덧입히며 쓰지 않고 자기 필체로 쓰게 되면 108번 사경에 보통 12분~17분 정도 걸립니다. 만약 기도할 시간이 넉넉하지 않아 한 시간 정도에서 끝마치고자 한다면 하루에 108번씩 5번을 쓰십시오.

또 한 가지 제시하고 싶은 방법으로, 가족 한 사람당 108번씩 쓰면서 축원하는 것도 괜찮습니다. 이 경우 특별히 힘을 기울여 주어야 할 사람이 있다면 그를 위해 108번을 3회 정도 반복하여 쓰는 것도 바람직 합니다. 각자의 원력과 형편에 맞추어 하루의 분량 및 기도 기간을 잡아 사경을 하십시오.

③ 매일 쓰다가 부득이한 일이 발생하여 못 쓰게 될 경우가 있습니다. 그때는 꼭 아미타불께 못 쓰게 된 사정을 고하여 마음속으로 '다음 날 또는 사경 기간을 하루 더 연장하여 반드시 쓰겠다'고 약속하면 됩니다.

※ 사경을 할 때는 진하기가 B 또는 2B인 연필(샤프펜슬)로 쓰는 것이 가장 좋습니다. 볼펜 등도 괜찮습니다.

※ 사경한 다음, 어떻게 처리해야 되느냐를 묻는 이들이 많은데, 정성껏 쓴 사경집을 집안에 두면 불은이 충만하고 삿된 기운이 침범하지 못하게 되므로, 책장 위 등 좋다고 생각하는 위치에 잘 모셔 두십시오.

이 명호 사경을 여법히 잘 하시기를 두손 모아 축원드립니다.
나무아미타불.

아미타불 명호사경 발원문

언제나 저희와 함께하고 시방에 충만하신 아미타부처님이시여

감사합니다. 감사합니다. 감사합니다.

늘 부처님의 가르침을 잘 받들며 살겠습니다.(3번)

아미타불 명호 사경　제　　　권

입재 : 불기 25 　년　　월　　일　　회향 : 25 　년　　월　　일

사경불자 :

7

南無 西方淨土 極樂世界
나무 서방정토 극락세계

서방정토 극락세계 계시옵는
아미타 부처님께 귀의합니다

나무아미타불 나무아미타불
나무아미타불 나무아미타불
나무아미타불 나무아미타불
나무아미타불 나무아미타불

나무아미타불 나무아미타불 나무아미타불
나무아미타불 나무아미타불 나무아미타불
나무아미타불 나무아미타불 나무아미타불
나무아미타불 나무아미타불 나무아미타불

나무아미타불 나무아미타불 나무아미타불
나무아미타불 나무아미타불 나무아미타불

나무아미타불 나무아미타불 나무아미타불
나무아미타불 나무아미타불 나무아미타불
나무아미타불 나무아미타불 나무아미타불

나무아미타불 나무아미타불 나무아미타불
나무아미타불 나무아미타불 나무아미타불
나무아미타불 나무아미타불 나무아미타불
나무아미타불 나무아미타불 나무아미타불
나무아미타불 나무아미타불 나무아미타불
나무아미타불 나무아미타불 나무아미타불
나무아미타불 나무아미타불 나무아미타불

아미타불 아미타불 아미타불 아미타불
아미타불 아미타불 아미타불 아미타불
아미타불 아미타불 아미타불 아미타불
아미타불 아미타불 아미타불 아미타불
아미타불 아미타불 아미타불 아미타불
아미타불 아미타불 아미타불 아미타불
아미타불 아미타불 아미타불 아미타불

아미타불 아미타불 아미타불 아미타불
아미타불 아미타불 아미타불 아미타불
아미타불 아미타불 아미타불 아미타불
아미타불 아미타불 아미타불 아미타불
아미타불 아미타불 아미타불 아미타불
아미타불 아미타불 아미타불 아미타불

阿 彌 陀 佛　　本 心 微 妙 眞 言
아미타불 본심미묘진언

다냐타 옴 아리다라 사바하

다냐타 옴 아리다라 사바하

다냐타 옴 아리다라 사바하

稽 首 西 方 安 樂 刹
개수서방안락찰　　　서방안락 정토향해 머리숙여 절하오니

接 引 衆 生 大 導 師
접인중생대도사　　　중생들을 맞이하는 크나크신 스승이여

我 今 發 願 願 往 生
아금발원원왕생　　　극락으로 왕생하기 발원하는 저희들을

唯 願 慈 悲 哀 攝 受
유원자비애섭수　　　자비로써 거두시어 받아들여 주옵소서

故 我 一 心 歸 命 頂 禮
고아일심귀명정례　　　제가이제 일심으로 귀명예경 하나이다

南無 西方淨土 極樂世界
나무 서방정토 극락세계

서방정토 극락세계 계시옵는
아미타 부처님께 귀의합니다

나무아미타불 나무아미타불
나무아미타불 나무아미타불
나무아미타불 나무아미타불
나무아미타불 나무아미타불

나무아미타불 나무아미타불 나무아미타불
나무아미타불 나무아미타불 나무아미타불
나무아미타불 나무아미타불 나무아미타불
나무아미타불 나무아미타불 나무아미타불

나무아미타불 나무아미타불 나무아미타불
나무아미타불 나무아미타불 나무아미타불

나무아미타불 나무아미타불 나무아미타불
나무아미타불 나무아미타불 나무아미타불
나무아미타불 나무아미타불 나무아미타불

나무아미타불 나무아미타불 나무아미타불
나무아미타불 나무아미타불 나무아미타불
나무아미타불 나무아미타불 나무아미타불
나무아미타불 나무아미타불 나무아미타불
나무아미타불 나무아미타불 나무아미타불
나무아미타불 나무아미타불 나무아미타불
나무아미타불 나무아미타불 나무아미타불

아미타불 아미타불 아미타불 아미타불
아미타불 아미타불 아미타불 아미타불
아미타불 아미타불 아미타불 아미타불
아미타불 아미타불 아미타불 아미타불
아미타불 아미타불 아미타불 아미타불
아미타불 아미타불 아미타불 아미타불
아미타불 아미타불 아미타불 아미타불

아미타불   아미타불   아미타불   아미타불
아미타불   아미타불   아미타불   아미타불
아미타불   아미타불   아미타불   아미타불
아미타불   아미타불   아미타불   아미타불
아미타불   아미타불   아미타불   아미타불
아미타불   아미타불   아미타불   아미타불

阿彌陀佛   本心微妙眞言
아미타불 본심미묘진언
다냐타 옴 아리다라 사바하
다냐타 옴 아리다라 사바하
다냐타 옴 아리다라 사바하

稽首西方安樂刹
개수서방안락찰   서방안락 정토향해 머리숙여 절하오니

接引衆生大導師
접인중생대도사   중생들을 맞이하는 크나크신 스승이여

我今發願願往生
아금발원원왕생   극락으로 왕생하기 발원하는 저희들을

唯願慈悲哀攝受
유원자비애섭수   자비로써 거두시어 받아들여 주옵소서

故我一心歸命頂禮
고아일심귀명정례   제가이제 일심으로 귀명예경 하나이다

南無　西方淨土　極樂世界
나무 서방정토 극락세계

서방정토 극락세계 계시옵는
아미타 부처님께 귀의합니다

나무아미타불 　나무아미타불
나무아미타불 　나무아미타불
나무아미타불 　나무아미타불
나무아미타불 　나무아미타불

나무아미타불 나무아미타불 나무아미타불
나무아미타불 나무아미타불 나무아미타불
나무아미타불 나무아미타불 나무아미타불
나무아미타불 나무아미타불 나무아미타불

나무아미타불 나무아미타불 나무아미타불
나무아미타불 나무아미타불 나무아미타불

나무아미타불 나무아미타불 나무아미타불
나무아미타불 나무아미타불 나무아미타불
나무아미타불 나무아미타불 나무아미타불

나무아미타불 나무아미타불 나무아미타불
나무아미타불 나무아미타불 나무아미타불
나무아미타불 나무아미타불 나무아미타불
나무아미타불 나무아미타불 나무아미타불
나무아미타불 나무아미타불 나무아미타불
나무아미타불 나무아미타불 나무아미타불
나무아미타불 나무아미타불 나무아미타불

아미타불 아미타불 아미타불 아미타불
아미타불 아미타불 아미타불 아미타불
아미타불 아미타불 아미타불 아미타불
아미타불 아미타불 아미타불 아미타불
아미타불 아미타불 아미타불 아미타불
아미타불 아미타불 아미타불 아미타불
아미타불 아미타불 아미타불 아미타불

아미타불 아미타불 아미타불 아미타불
아미타불 아미타불 아미타불 아미타불
아미타불 아미타불 아미타불 아미타불
아미타불 아미타불 아미타불 아미타불
아미타불 아미타불 아미타불 아미타불
아미타불 아미타불 아미타불 아미타불

阿彌陀佛 本心微妙眞言
아미타불 본심미묘진언

다냐타 옴 아리다라 사바하

다냐타 옴 아리다라 사바하

다냐타 옴 아리다라 사바하

稽首西方安樂刹
개수서방안락찰   서방안락 정토향해 머리숙여 절하오니

接引衆生大導師
접인중생대도사   중생들을 맞이하는 크나크신 스승이여

我今發願願往生
아금발원원왕생   극락으로 왕생하기 발원하는 저희들을

唯願慈悲哀攝受
유원자비애섭수   자비로써 거두시어 받아들여 주옵소서

故我一心歸命頂禮
고아일심귀명정례   제가이제 일심으로 귀명예경 하나이다

南無　西方淨土　極樂世界
나무 서방정토 극락세계

서방정토 극락세계 계시옵는
아미타 부처님께 귀의합니다

나무아미타불　나무아미타불
나무아미타불　나무아미타불
나무아미타불　나무아미타불
나무아미타불　나무아미타불

나무아미타불 나무아미타불 나무아미타불
나무아미타불 나무아미타불 나무아미타불
나무아미타불 나무아미타불 나무아미타불
나무아미타불 나무아미타불 나무아미타불

나무아미타불 나무아미타불 나무아미타불
나무아미타불 나무아미타불 나무아미타불

나무아미타블 나무아미타블 나무아미타블
나무아미타블 나무아미타블 나무아미타블
나무아미타블 나무아미타블 나무아미타블

나무아미타블 나무아미타블 나무아미타블
나무아미타블 나무아미타블 나무아미타블
나무아미타블 나무아미타블 나무아미타블
나무아미타블 나무아미타블 나무아미타블
나무아미타블 나무아미타블 나무아미타블
나무아미타블 나무아미타블 나무아미타블
나무아미타블 나무아미타블 나무아미타블

아미타블 아미타블 아미타블 아미타블
아미타블 아미타블 아미타블 아미타블
아미타블 아미타블 아미타블 아미타블
아미타블 아미타블 아미타블 아미타블
아미타블 아미타블 아미타블 아미타블
아미타블 아미타블 아미타블 아미타블
아미타블 아미타블 아미타블 아미타블

아미타불 아미타불 아미타불 아미타불
아미타불 아미타불 아미타불 아미타불
아미타불 아미타불 아미타불 아미타불
아미타불 아미타불 아미타불 아미타불
아미타불 아미타불 아미타불 아미타불
아미타불 아미타불 아미타불 아미타불

阿彌陀佛 本心微妙眞言
아미타불 본심미묘진언
다냐타 옴 아리다라 사바하
다냐타 옴 아리다라 사바하
다냐타 옴 아리다라 사바하

稽首西方安樂刹
개수서방안락찰 　　　서방안락 정토향해 머리숙여 절하오니

接引衆生大導師
접인중생대도사 　　　중생들을 맞이하는 크나크신 스숭이여

我今發願願往生
아금발원원왕생 　　　극락으로 왕생하기 발원하는 저희들을

唯願慈悲哀攝受
유원자비애섭수 　　　자비로써 거두시어 받아들여 주옵소서

故我一心歸命頂禮
고아일심귀명정례 　　　제가이제 일심으로 귀명예경 하나이다

南無　西方淨土　極樂世界
나무 서방정토 극락세계

서방정토 극락세계 계시옵는
아미타 부처님께 귀의합니다

나무아미타불　나무아미타불
나무아미타불　나무아미타불
나무아미타불　나무아미타불
나무아미타불　나무아미타불

나무아미타불 나무아미타불 나무아미타불
나무아미타불 나무아미타불 나무아미타불
나무아미타불 나무아미타불 나무아미타불
나무아미타불 나무아미타불 나무아미타불

나무아미타불 나무아미타불 나무아미타불
나무아미타불 나무아미타불 나무아미타불

나무아미타블 나무아미타블 나무아미타블
나무아미타블 나무아미타블 나무아미타블
나무아미타블 나무아미타블 나무아미타블

나무아미타블 나무아미타블 나무아미타블
나무아미타블 나무아미타블 나무아미타블
나무아미타블 나무아미타블 나무아미타블
나무아미타블 나무아미타블 나무아미타블
나무아미타블 나무아미타블 나무아미타블
나무아미타블 나무아미타블 나무아미타블
나무아미타블 나무아미타블 나무아미타블

아미타블 아미타블 아미타블 아미타블
아미타블 아미타블 아미타블 아미타블
아미타블 아미타블 아미타블 아미타블
아미타블 아미타블 아미타블 아미타블
아미타블 아미타블 아미타블 아미타블
아미타블 아미타블 아미타블 아미타블
아미타블 아미타블 아미타블 아미타블

아미타불　아미타불　아미타불　아미타불
아미타불　아미타불　아미타불　아미타불
아미타불　아미타불　아미타불　아미타불
아미타불　아미타불　아미타불　아미타불
아미타불　아미타불　아미타불　아미타불
아미타불　아미타불　아미타불　아미타불

阿彌陀佛　本心微妙眞言
아미타불　본심미묘진언

다냐타 옴 아리다라 사바하

다냐타 옴 아리다라 사바하

다냐타 옴 아리다라 사바하

稽首西方安樂刹
개수서방안락찰　　서방안락 정토향해 머리숙여 절하오니

接引衆生大導師
접인중생대도사　　중생들을 맞이하는 크나크신 스승이여

我今發願願往生
아금발원원왕생　　극락으로 왕생하기 발원하는 저희들을

唯願慈悲哀攝受
유원자비애섭수　　자비로써 거두시어 받아들여 주옵소서

故我一心歸命頂禮
고아일심귀명정례　　제가이제 일심으로 귀명예경 하나이다

南無 西方淨土 極樂世界
나무 서방정토 극락세계

서방정토 극락세계 계시옵는
아미타 부처님께 귀의합니다

나무아미타불　나무아미타불
나무아미타불　나무아미타불
나무아미타불　나무아미타불
나무아미타불　나무아미타불

나무아미타불　나무아미타불　나무아미타불
나무아미타불　나무아미타불　나무아미타불
나무아미타불　나무아미타불　나무아미타불
나무아미타불　나무아미타불　나무아미타불

나무아미타불　나무아미타불　나무아미타불
나무아미타불　나무아미타불　나무아미타불

나무아미타블 나무아미타블 나무아미타블
나무아미타블 나무아미타블 나무아미타블
나무아미타블 나무아미타블 나무아미타블

나무아미타블 나무아미타블 나무아미타블
나무아미타블 나무아미타블 나무아미타블
나무아미타블 나무아미타블 나무아미타블
나무아미타블 나무아미타블 나무아미타블
나무아미타블 나무아미타블 나무아미타블
나무아미타블 나무아미타블 나무아미타블
나무아미타블 나무아미타블 나무아미타블

아미타블 아미타블 아미타블 아미타블
아미타블 아미타블 아미타블 아미타블
아미타블 아미타블 아미타블 아미타블
아미타블 아미타블 아미타블 아미타블
아미타블 아미타블 아미타블 아미타블
아미타블 아미타블 아미타블 아미타블
아미타블 아미타블 아미타블 아미타블

아미타불　아미타불　아미타불　아미타불
아미타불　아미타불　아미타불　아미타불
아미타불　아미타불　아미타불　아미타불
아미타불　아미타불　아미타불　아미타불
아미타불　아미타불　아미타불　아미타불
아미타불　아미타불　아미타불　아미타불

阿彌陀佛　本心微妙眞言
아미타불　본심미묘진언

다냐타 옴 아리다라 사바하

다냐타 옴 아리다라 사바하

다냐타 옴 아리다라 사바하

稽首西方安樂刹
개수서방안락찰　　서방안락 정토향해 머리숙여 절하오니

接引衆生大導師
접인중생대도사　　중생들을 맞이하는 크나크신 스승이여

我今發願願往生
아금발원원왕생　　극락으로 왕생하기 발원하는 저희들을

唯願慈悲哀攝受
유원자비애섭수　　자비로써 거두시어 받아들여 주옵소서

故我一心歸命頂禮
고아일심귀명정례　　제가이제 일심으로 귀명예경 하나이다

南 無 西 方 淨 土 極 樂 世 界
나무 서방정토 극락세계

서방정토 극락세계 계시옵는
아미타 부처님께 귀의합니다

나무아미타불 나무아미타불
나무아미타불 나무아미타불
나무아미타불 나무아미타불
나무아미타불 나무아미타불

나무아미타불 나무아미타불 나무아미타불
나무아미타불 나무아미타불 나무아미타불
나무아미타불 나무아미타불 나무아미타불
나무아미타불 나무아미타불 나무아미타불

나무아미타불 나무아미타불 나무아미타불
나무아미타불 나무아미타불 나무아미타불

나무아미타불 나무아미타불 나무아미타불
나무아미타불 나무아미타불 나무아미타불
나무아미타불 나무아미타불 나무아미타불

나무아미타불 나무아미타불 나무아미타불
나무아미타불 나무아미타불 나무아미타불
나무아미타불 나무아미타불 나무아미타불
나무아미타불 나무아미타불 나무아미타불
나무아미타불 나무아미타불 나무아미타불
나무아미타불 나무아미타불 나무아미타불
나무아미타불 나무아미타불 나무아미타불

아미타불 아미타불 아미타불 아미타불
아미타불 아미타불 아미타불 아미타불
아미타불 아미타불 아미타불 아미타불
아미타불 아미타불 아미타불 아미타불
아미타불 아미타불 아미타불 아미타불
아미타불 아미타불 아미타불 아미타불
아미타불 아미타불 아미타불 아미타불

아미타블 아미타블 아미타블 아미타블
아미타블 아미타블 아미타블 아미타블
아미타블 아미타블 아미타블 아미타블
아미타블 아미타블 아미타블 아미타블
아미타블 아미타블 아미타블 아미타블
아미타블 아미타블 아미타블 아미타블

阿 彌 陀 佛　　本 心 微 妙 眞 言
아미타블 본심미묘진언

다냐타 옴 아리다라 사바하

다냐타 옴 아리다라 사바하

다냐타 옴 아리다라 사바하

稽 首 西 方 安 樂 刹
계수서방안락찰　　서방안락 정토향해 머리숙여 절하오니

接 引 衆 生 大 導 師
접인중생대도사　　중생들을 맞이하는 크나크신 스승이여

我 今 發 願 願 往 生
아금발원원왕생　　극락으로 왕생하기 발원하는 저희들을

唯 願 慈 悲 哀 攝 受
유원자비애섭수　　자비로써 거두시어 받아들여 주옵소서

故 我 一 心 歸 命 頂 禮
고아일심귀명정례　　제가이제 일심으로 귀명예경 하나이다

南無　西方淨土　極樂世界
나무 서방정토 극락세계

서방정토 극락세계 계시옵는
아미타 부처님께 귀의합니다

나무아미타불　나무아미타불
나무아미타불　나무아미타불
나무아미타불　나무아미타불
나무아미타불　나무아미타불

나무아미타불 나무아미타불 나무아미타불
나무아미타불 나무아미타불 나무아미타불
나무아미타불 나무아미타불 나무아미타불
나무아미타불 나무아미타불 나무아미타불

나무아미타불 나무아미타불 나무아미타불
나무아미타불 나무아미타불 나무아미타불

나무아미타블 나무아미타블 나무아미타블
나무아미타블 나무아미타블 나무아미타블
나무아미타블 나무아미타블 나무아미타블

나무아미타블 나무아미타블 나무아미타블
나무아미타블 나무아미타블 나무아미타블
나무아미타블 나무아미타블 나무아미타블
나무아미타블 나무아미타블 나무아미타블
나무아미타블 나무아미타블 나무아미타블
나무아미타블 나무아미타블 나무아미타블
나무아미타블 나무아미타블 나무아미타블

아미타블 아미타블 아미타블 아미타블
아미타블 아미타블 아미타블 아미타블
아미타블 아미타블 아미타블 아미타블
아미타블 아미타블 아미타블 아미타블
아미타블 아미타블 아미타블 아미타블
아미타블 아미타블 아미타블 아미타블
아미타블 아미타블 아미타블 아미타블

아미타불 아미타불 아미타불 아미타불
아미타불 아미타불 아미타불 아미타불
아미타불 아미타불 아미타불 아미타불
아미타불 아미타불 아미타불 아미타불
아미타불 아미타불 아미타불 아미타불
아미타불 아미타불 아미타불 아미타불

阿 彌 陀 佛　　本 心 微 妙 眞 言
아미타불 본심미묘진언

다냐타 옴 아리다리 사바하

다냐타 옴 아리다리 사바하

다냐타 옴 아리다리 사바하

稽 首 西 方 安 樂 刹	
개수서방안락찰	서방안락 정토향해 머리숙여 절하오니
接 引 衆 生 大 導 師	
접인중생대도사	중생들을 맞이하는 크나크신 스승이여
我 今 發 願 願 往 生	
아금발원원왕생	극락으로 왕생하기 발원하는 저희들을
唯 願 慈 悲 哀 攝 受	
유원자비애섭수	자비로써 거두시어 받아들여 주옵소서
故 我 一 心 歸 命 頂 禮	
고아일심귀명정례	제가이제 일심으로 귀명예경 하나이다

南無　西方淨土　極樂世界
나무 서방정토 극락세계

서방정토 극락세계 계시옵는
아미타 부처님께 귀의합니다

나무아미타불　나무아미타불
나무아미타불　나무아미타불
나무아미타불　나무아미타불
나무아미타불　나무아미타불

나무아미타불 나무아미타불 나무아미타불
나무아미타불 나무아미타불 나무아미타불
나무아미타불 나무아미타불 나무아미타불
나무아미타불 나무아미타불 나무아미타불

나무아미타불 나무아미타불 나무아미타불
나무아미타불 나무아미타불 나무아미타불

나무아미타불 나무아미타불 나무아미타불
나무아미타불 나무아미타불 나무아미타불
나무아미타불 나무아미타불 나무아미타불

나무아미타불 나무아미타불 나무아미타불
나무아미타불 나무아미타불 나무아미타불
나무아미타불 나무아미타불 나무아미타불
나무아미타불 나무아미타불 나무아미타불
나무아미타불 나무아미타불 나무아미타불
나무아미타불 나무아미타불 나무아미타불
나무아미타불 나무아미타불 나무아미타불

아미타불 아미타불 아미타불 아미타불
아미타불 아미타불 아미타불 아미타불
아미타불 아미타불 아미타불 아미타불
아미타불 아미타불 아미타불 아미타불
아미타불 아미타불 아미타불 아미타불
아미타불 아미타불 아미타불 아미타불
아미타불 아미타불 아미타불 아미타불

아미타불 아미타불 아미타불 아미타불
아미타불 아미타불 아미타불 아미타불
아미타불 아미타불 아미타불 아미타불
아미타불 아미타불 아미타불 아미타불
아미타불 아미타불 아미타불 아미타불
아미타불 아미타불 아미타불 아미타불

阿 彌 陀 佛　　本 心 微 妙 眞 言
아미타불 본심미묘진언

다냐타 옴 아리다라 사바하

다냐타 옴 아리다라 사바하

다냐타 옴 아리다라 사바하

稽 首 西 方 安 樂 刹
개수서방안락찰 　　　　서방안락 정토향해 머리숙여 절하오니

接 引 衆 生 大 導 師
접인중생대도사 　　　　중생들을 맞이하는 크나크신 스승이여

我 今 發 願 願 往 生
아금발원원왕생 　　　　극락으로 왕생하기 발원하는 저희들을

唯 願 慈 悲 哀 攝 受
유원자비애섭수 　　　　자비로써 거두시어 받아들여 주옵소서

故 我 一 心 歸 命 頂 禮
고아일심귀명정례 　　　제가이제 일심으로 귀명예경 하나이다

南無　西方淨土　極樂世界
나무 서방정토 극락세계

서방정토 극락세계 계시옵는
아미타 부처님께 귀의합니다

나무아미타불 　나무아미타불
나무아미타불 　나무아미타불
나무아미타불 　나무아미타불
나무아미타불 　나무아미타불

나무아미타불 나무아미타불 나무아미타불
나무아미타불 나무아미타불 나무아미타불
나무아미타불 나무아미타불 나무아미타불
나무아미타불 나무아미타불 나무아미타불

나무아미타불 나무아미타불 나무아미타불
나무아미타불 나무아미타불 나무아미타불

35

나무아미타불 나무아미타불 나무아미타불
나무아미타불 나무아미타불 나무아미타불
나무아미타불 나무아미타불 나무아미타불

나무아미타불 나무아미타불 나무아미타불
나무아미타불 나무아미타불 나무아미타불
나무아미타불 나무아미타불 나무아미타불
나무아미타불 나무아미타불 나무아미타불
나무아미타불 나무아미타불 나무아미타불
나무아미타불 나무아미타불 나무아미타불
나무아미타불 나무아미타불 나무아미타불

아미타불 아미타불 아미타불 아미타불
아미타불 아미타불 아미타불 아미타불
아미타불 아미타불 아미타불 아미타불
아미타불 아미타불 아미타불 아미타불
아미타불 아미타불 아미타불 아미타불
아미타불 아미타불 아미타불 아미타불
아미타불 아미타불 아미타불 아미타불

아미타블 아미타블 아미타블 아미타블
아미타블 아미타블 아미타블 아미타블
아미타블 아미타블 아미타블 아미타블
아미타블 아미타블 아미타블 아미타블
아미타블 아미타블 아미타블 아미타블
아미타블 아미타블 아미타블 아미타블

阿彌陀佛　本心微妙眞言
아미타블 본심미묘진언
다냐타 옴 아리다라 사바하
다냐타 옴 아리다라 사바하
다냐타 옴 아리다라 사바하

稽首西方安樂刹
개수서방안락찰　　　서방안락 정토향해 머리숙여 절하오니

接引衆生大導師
접인중생대도사　　　중생들을 맞이하는 크나크신 스승이여

我今發願願往生
아금발원원왕생　　　극락으로 왕생하기 발원하는 저희들을

唯願慈悲哀攝受
유원자비애섭수　　　자비로써 거두시어 받아들여 주옵소서

故我一心歸命頂禮
고아일심귀명정례　　　제가이제 일심으로 귀명예경 하나이다

南無　西方淨土　極樂世界
나무 서방정토 극락세계

서방정토 극락세계 계시옵는
아미타 부처님께 귀의합니다

나무아미타불　나무아미타불
나무아미타불　나무아미타불
나무아미타불　나무아미타불
나무아미타불　나무아미타불

나무아미타불 나무아미타불 나무아미타불
나무아미타불 나무아미타불 나무아미타불
나무아미타불 나무아미타불 나무아미타불
나무아미타불 나무아미타불 나무아미타불

나무아미타불 나무아미타불 나무아미타불
나무아미타불 나무아미타불 나무아미타불

나무아미타블 나무아미타블 나무아미타블
나무아미타블 나무아미타블 나무아미타블
나무아미타블 나무아미타블 나무아미타블

나무아미타블 나무아미타블 나무아미타블
나무아미타블 나무아미타블 나무아미타블
나무아미타블 나무아미타블 나무아미타블
나무아미타블 나무아미타블 나무아미타블
나무아미타블 나무아미타블 나무아미타블
나무아미타블 나무아미타블 나무아미타블
나무아미타블 나무아미타블 나무아미타블

아미타블 아미타블 아미타블 아미타블
아미타블 아미타블 아미타블 아미타블
아미타블 아미타블 아미타블 아미타블
아미타블 아미타블 아미타블 아미타블
아미타블 아미타블 아미타블 아미타블
아미타블 아미타블 아미타블 아미타블
아미타블 아미타블 아미타블 아미타블

아미타불 아미타불 아미타불 아미타불
아미타불 아미타불 아미타불 아미타불
아미타불 아미타불 아미타불 아미타불
아미타불 아미타불 아미타불 아미타불
아미타불 아미타불 아미타불 아미타불
아미타불 아미타불 아미타불 아미타불

阿彌陀佛 本心微妙眞言
아미타불 본심미묘진언

다냐타 옴 아리다라 사바하

다냐타 옴 아리다라 사바하

다냐타 옴 아리다라 사바하

稽首西方安樂刹 개수서방안락찰	서방안락 정토향해 머리숙여 절하오니
接引衆生大導師 접인중생대도사	중생들을 맞이하는 크나크신 스승이여
我今發願願往生 아금발원원왕생	극락으로 왕생하기 발원하는 저희들을
唯願慈悲哀攝受 유원자비애섭수	자비로써 거두시어 받아들여 주옵소서
故我一心歸命頂禮 고아일심귀명정례	제가이제 일심으로 귀명예경 하나이다

南無 西方淨土 極樂世界
나무 서방정토 극락세계

서방정토 극락세계 계시옵는
아미타 부처님께 귀의합니다

나무아미타불 나무아미타불
나무아미타불 나무아미타불
나무아미타불 나무아미타불
나무아미타불 나무아미타불

나무아미타불 나무아미타불 나무아미타불
나무아미타불 나무아미타불 나무아미타불
나무아미타불 나무아미타불 나무아미타불
나무아미타불 나무아미타불 나무아미타불

나무아미타불 나무아미타불 나무아미타불
나무아미타불 나무아미타불 나무아미타불

나무아미타불 나무아미타불 나무아미타불
나무아미타불 나무아미타불 나무아미타불
나무아미타불 나무아미타불 나무아미타불

나무아미타불 나무아미타불 나무아미타불
나무아미타불 나무아미타불 나무아미타불
나무아미타불 나무아미타불 나무아미타불
나무아미타불 나무아미타불 나무아미타불
나무아미타불 나무아미타불 나무아미타불
나무아미타불 나무아미타불 나무아미타불
나무아미타불 나무아미타불 나무아미타불

아미타불 아미타불 아미타불 아미타불
아미타불 아미타불 아미타불 아미타불
아미타불 아미타불 아미타불 아미타불
아미타불 아미타불 아미타불 아미타불
아미타불 아미타불 아미타불 아미타불
아미타불 아미타불 아미타불 아미타불
아미타불 아미타불 아미타불 아미타불

아미타불 아미타불 아미타불 아미타불
아미타불 아미타불 아미타불 아미타불
아미타불 아미타불 아미타불 아미타불
아미타불 아미타불 아미타불 아미타불
아미타불 아미타불 아미타불 아미타불
아미타불 아미타불 아미타불 아미타불

阿彌陀佛 本心微妙眞言

아미타불 본심미묘진언

다냐타 옴 아리다라 사바하

다냐타 옴 아리다라 사바하

다냐타 옴 아리다라 사바하

稽首西方安樂刹
개수서방안락찰

접引衆生大導師
접인중생대도사

我今發願願往生
아금발원원왕생

唯願慈悲哀攝受
유원자비애섭수

故我一心歸命頂禮
고아일심귀명정례

서방안락 정토향해 머리숙여 절하오니

중생들을 맞이하는 크나크신 스승이여

극락으로 왕생하기 발원하는 저희들을

자비로써 거두시어 받아들여 주옵소서

제가이제 일심으로 귀명예경 하나이다

南無　西方淨土　極樂世界
나무 서방정토 극락세계

**서방정토 극락세계 계시옵는
아미타 부처님께 귀의합니다**

나무아미타불　나무아미타불
나무아미타불　나무아미타불
나무아미타불　나무아미타불
나무아미타불　나무아미타불

나무아미타불 나무아미타불 나무아미타불
나무아미타불 나무아미타불 나무아미타불
나무아미타불 나무아미타불 나무아미타불
나무아미타불 나무아미타불 나무아미타불

나무아미타불 나무아미타불 나무아미타불
나무아미타불 나무아미타불 나무아미타불

나무아미타불 나무아미타불 나무아미타불
나무아미타불 나무아미타불 나무아미타불
나무아미타불 나무아미타불 나무아미타불

나무아미타불 나무아미타불 나무아미타불
나무아미타불 나무아미타불 나무아미타불
나무아미타불 나무아미타불 나무아미타불
나무아미타불 나무아미타불 나무아미타불
나무아미타불 나무아미타불 나무아미타불
나무아미타불 나무아미타불 나무아미타불
나무아미타불 나무아미타불 나무아미타불

아미타불　아미타불　아미타불　아미타불
아미타불　아미타불　아미타불　아미타불
아미타불　아미타불　아미타불　아미타불
아미타불　아미타불　아미타불　아미타불
아미타불　아미타불　아미타불　아미타불
아미타불　아미타불　아미타불　아미타불
아미타불　아미타불　아미타불　아미타불

아미타불 아미타불 아미타불 아미타불
아미타불 아미타불 아미타불 아미타불
아미타불 아미타불 아미타불 아미타불
아미타불 아미타불 아미타불 아미타불
아미타불 아미타불 아미타불 아미타불
아미타불 아미타불 아미타불 아미타불

阿 彌 陀 佛　　本 心 微 妙 眞 言
아미타불 본심미묘진언

다냐타 옴 아리다라 사바하

다냐타 옴 아리다라 사바하

다냐타 옴 아리다라 사바하

稽 首 西 方 安 樂 刹	
계수서방안락찰	서방안락 정토향해 머리숙여 절하오니
接 引 衆 生 大 導 師	
접인중생대도사	중생들을 맞이하는 크나크신 스승이여
我 今 發 願 願 往 生	
아금발원원왕생	극락으로 왕생하기 발원하는 저희들을
唯 願 慈 悲 哀 攝 受	
유원자비애섭수	자비로써 거두시어 받아들여 주옵소서
故 我 一 心 歸 命 頂 禮	
고아일심귀명정례	제가이제 일심으로 귀명예경 하나이다

南無 西方淨土 極樂世界
나무 서방정토 극락세계

서방정토 극락세계 계시옵는
아미타 부처님께 귀의합니다

나무아미타불 나무아미타불
나무아미타불 나무아미타불
나무아미타불 나무아미타불
나무아미타불 나무아미타불

나무아미타불 나무아미타불 나무아미타불
나무아미타불 나무아미타불 나무아미타불
나무아미타불 나무아미타불 나무아미타불
나무아미타불 나무아미타불 나무아미타불

나무아미타불 나무아미타불 나무아미타불
나무아미타불 나무아미타불 나무아미타불

나무아미타불 나무아미타불 나무아미타불
나무아미타불 나무아미타불 나무아미타불
나무아미타불 나무아미타불 나무아미타불

나무아미타불 나무아미타불 나무아미타불
나무아미타불 나무아미타불 나무아미타불
나무아미타불 나무아미타불 나무아미타불
나무아미타불 나무아미타불 나무아미타불
나무아미타불 나무아미타불 나무아미타불
나무아미타불 나무아미타불 나무아미타불
나무아미타불 나무아미타불 나무아미타불

아미타불 아미타불 아미타불 아미타불
아미타불 아미타불 아미타불 아미타불
아미타불 아미타불 아미타불 아미타불
아미타불 아미타불 아미타불 아미타불
아미타불 아미타불 아미타불 아미타불
아미타불 아미타불 아미타불 아미타불
아미타불 아미타불 아미타불 아미타불

아미타불　아미타불　아미타불　아미타불
아미타불　아미타불　아미타불　아미타불
아미타불　아미타불　아미타불　아미타불
아미타불　아미타불　아미타불　아미타불
아미타불　아미타불　아미타불　아미타불
아미타불　아미타불　아미타불　아미타불

阿　彌　陀　佛　　本　心　微　妙　眞　言
아미타불　본심미묘진언

다냐타 옴 아리다라 사바하

다냐타 옴 아리다라 사바하

다냐타 옴 아리다라 사바하

稽　首　西　方　安　樂　刹
개수서방안락찰
　　　　　　　서방안락 정토향해 머리숙여 절하오니

接　引　衆　生　大　導　師
접인중생대도사
　　　　　　　중생들을 맞이하는 크나크신 스승이여

我　今　發　願　願　往　生
아금발원원왕생
　　　　　　　극락으로 왕생하기 발원하는 저희들을

唯　願　慈　悲　哀　攝　受
유원자비애섭수
　　　　　　　자비로써 거두시어 받아들여 주옵소서

故　我　一　心　歸　命　頂　禮
고아일심귀명정례
　　　　　　　제가이제 일심으로 귀명예경 하나이다

南無 西方淨土 極樂世界
나무 서방정토 극락세계

서방정토 극락세계 계시옵는
아미타 부처님께 귀의합니다

나무아미타불 나무아미타불
나무아미타불 나무아미타불
나무아미타불 나무아미타불
나무아미타불 나무아미타불

나무아미타불 나무아미타불 나무아미타불
나무아미타불 나무아미타불 나무아미타불
나무아미타불 나무아미타불 나무아미타불
나무아미타불 나무아미타불 나무아미타불

나무아미타불 나무아미타불 나무아미타불
나무아미타불 나무아미타불 나무아미타불

나무아미타불 나무아미타불 나무아미타불
나무아미타불 나무아미타불 나무아미타불
나무아미타불 나무아미타불 나무아미타불

나무아미타불 나무아미타불 나무아미타불
나무아미타불 나무아미타불 나무아미타불
나무아미타불 나무아미타불 나무아미타불
나무아미타불 나무아미타불 나무아미타불
나무아미타불 나무아미타불 나무아미타불
나무아미타불 나무아미타불 나무아미타불
나무아미타불 나무아미타불 나무아미타불

아미타불 아미타불 아미타불 아미타불
아미타불 아미타불 아미타불 아미타불
아미타불 아미타불 아미타불 아미타불
아미타불 아미타불 아미타불 아미타불
아미타불 아미타불 아미타불 아미타불
아미타불 아미타불 아미타불 아미타불
아미타불 아미타불 아미타불 아미타불

아미타불 아미타불 아미타불 아미타불
아미타불 아미타불 아미타불 아미타불
아미타불 아미타불 아미타불 아미타불
아미타불 아미타불 아미타불 아미타불
아미타불 아미타불 아미타불 아미타불
아미타불 아미타불 아미타불 아미타불

阿彌陀佛 本心微妙眞言
아미타불 본심미묘진언

다냐타 옴 아리다라 사바하

다냐타 옴 아리다라 사바하

다냐타 옴 아리다라 사바하

稽首西方安樂刹
개수서방안락찰   서방안락 정토향해 머리숙여 절하오니

接引衆生大導師
접인중생대도사   중생들을 맞이하는 크나크신 스승이여

我今發願願往生
아금발원원왕생   극락으로 왕생하기 발원하는 저희들을

唯願慈悲哀攝受
유원자비애섭수   자비로써 거두시어 받아들여 주옵소서

故我一心歸命頂禮
고아일심귀명정례   제가이제 일심으로 귀명예경 하나이다

南無　西方淨土　極樂世界
나무 서방정토 극락세계

서방정토 극락세계 계시옵는
아미타 부처님께 귀의합니다

나무아미타불　나무아미타불
나무아미타불　나무아미타불
나무아미타불　나무아미타불
나무아미타불　나무아미타불

나무아미타불 나무아미타불 나무아미타불
나무아미타불 나무아미타불 나무아미타불
나무아미타불 나무아미타불 나무아미타불
나무아미타불 나무아미타불 나무아미타불

나무아미타불 나무아미타불 나무아미타불
나무아미타불 나무아미타불 나무아미타불

나무아미타불 나무아미타불 나무아미타불
나무아미타불 나무아미타불 나무아미타불
나무아미타불 나무아미타불 나무아미타불

나무아미타불 나무아미타불 나무아미타불
나무아미타불 나무아미타불 나무아미타불
나무아미타불 나무아미타불 나무아미타불
나무아미타불 나무아미타불 나무아미타불
나무아미타불 나무아미타불 나무아미타불
나무아미타불 나무아미타불 나무아미타불
나무아미타불 나무아미타불 나무아미타불

아미타불 아미타불 아미타불 아미타불
아미타불 아미타불 아미타불 아미타불
아미타불 아미타불 아미타불 아미타불
아미타불 아미타불 아미타불 아미타불
아미타불 아미타불 아미타불 아미타불
아미타불 아미타불 아미타불 아미타불
아미타불 아미타불 아미타불 아미타불

아미타불 아미타불 아미타불 아미타불
아미타불 아미타불 아미타불 아미타불
아미타불 아미타불 아미타불 아미타불
아미타불 아미타불 아미타불 아미타불
아미타불 아미타불 아미타불 아미타불
아미타불 아미타불 아미타불 아미타불

阿 彌 陀 佛　　本 心 微 妙 眞 言
아미타불 본심미묘진언

다냐타 옴 아리다라 사바하

다냐타 옴 아리다라 사바하

다냐타 옴 아리다라 사바하

稽 首 西 方 安 樂 刹
개수서방안락찰　　　서방안락 정토향해 머리숙여 절하오니

接 引 衆 生 大 導 師
접인중생대도사　　　중생들을 맞이하는 크나크신 스승이여

我 今 發 願 願 往 生
아금발원원왕생　　　극락으로 왕생하기 발원하는 저희들을

唯 願 慈 悲 哀 攝 受
유원자비애섭수　　　자비로써 거두시어 받아들여 주옵소서

故 我 一 心 歸 命 頂 禮
고아일심귀명정례　　　제가이제 일심으로 귀명예경 하나이다

南無 西方淨土 極樂世界
나무 서방정토 극락세계

서방정토 극락세계 계시옵는
아미타 부처님께 귀의합니다

나무아미타불   나무아미타불
나무아미타불   나무아미타불
나무아미타불   나무아미타불
나무아미타불   나무아미타불

나무아미타불 나무아미타불 나무아미타불
나무아미타불 나무아미타불 나무아미타불
나무아미타불 나무아미타불 나무아미타불
나무아미타불 나무아미타불 나무아미타불

나무아미타불 나무아미타불 나무아미타불
나무아미타불 나무아미타불 나무아미타불

나무아미타불 나무아미타불 나무아미타불
나무아미타불 나무아미타불 나무아미타불
나무아미타불 나무아미타불 나무아미타불

나무아미타불 나무아미타불 나무아미타불
나무아미타불 나무아미타불 나무아미타불
나무아미타불 나무아미타불 나무아미타불
나무아미타불 나무아미타불 나무아미타불
나무아미타불 나무아미타불 나무아미타불
나무아미타불 나무아미타불 나무아미타불
나무아미타불 나무아미타불 나무아미타불

아미타불 아미타불 아미타불 아미타불
아미타불 아미타불 아미타불 아미타불
아미타불 아미타불 아미타불 아미타불
아미타불 아미타불 아미타불 아미타불
아미타불 아미타불 아미타불 아미타불
아미타불 아미타불 아미타불 아미타불
아미타불 아미타불 아미타불 아미타불

아미타블　아미타블　아미타블　아미타블
아미타블　아미타블　아미타블　아미타블
아미타블　아미타블　아미타블　아미타블
아미타블　아미타블　아미타블　아미타블
아미타블　아미타블　아미타블　아미타블
아미타블　아미타블　아미타블　아미타블

阿　彌　陀　佛　　　本　心　微　妙　眞　言
아미타블　본심미묘진언

다냐타 옴 아리다리 사바하

다냐타 옴 아리다리 사바하

다냐타 옴 아리다리 사바하

稽　首　西　方　安　樂　刹 개수서방안락찰	서방안락 정토향해 머리숙여 절하오니
接　引　衆　生　大　導　師 접인중생대도사	중생들을 맞이하는 크나크신 스승이여
我　今　發　願　願　往　生 아금발원원왕생	극락으로 왕생하기 발원하는 저희들을
唯　願　慈　悲　哀　攝　受 유원자비애섭수	자비로써 거두시어 받아들여 주옵소서
故　我　一　心　歸　命　頂　禮 고아일심귀명정례	제가이제 일심으로 귀명예경 하나이다

南無　西方淨土　極樂世界
나무 서방정토 극락세계

서방정토 극락세계 계시옵는
아미타 부처님께 귀의합니다

나무아미타불　나무아미타불
나무아미타불　나무아미타불
나무아미타불　나무아미타불
나무아미타불　나무아미타불

나무아미타불 나무아미타불 나무아미타불
나무아미타불 나무아미타불 나무아미타불
나무아미타불 나무아미타불 나무아미타불
나무아미타불 나무아미타불 나무아미타불

나무아미타불 나무아미타불 나무아미타불
나무아미타불 나무아미타불 나무아미타불

나무아미타불 나무아미타불 나무아미타불
나무아미타불 나무아미타불 나무아미타불
나무아미타불 나무아미타불 나무아미타불

나무아미타불 나무아미타불 나무아미타불
나무아미타불 나무아미타불 나무아미타불
나무아미타불 나무아미타불 나무아미타불
나무아미타불 나무아미타불 나무아미타불
나무아미타불 나무아미타불 나무아미타불
나무아미타불 나무아미타불 나무아미타불
나무아미타불 나무아미타불 나무아미타불

아미타불 아미타불 아미타불 아미타불
아미타불 아미타불 아미타불 아미타불
아미타불 아미타불 아미타불 아미타불
아미타불 아미타불 아미타불 아미타불
아미타불 아미타불 아미타불 아미타불
아미타불 아미타불 아미타불 아미타불
아미타불 아미타불 아미타불 아미타불

아미타불　아미타불　아미타불　아미타불
아미타불　아미타불　아미타불　아미타불
아미타불　아미타불　아미타불　아미타불
아미타불　아미타불　아미타불　아미타불
아미타불　아미타불　아미타불　아미타불
아미타불　아미타불　아미타불　아미타불

阿彌陀佛　本心微妙眞言
아미타불　본심미묘진언

다냐타 옴 아리다라 사바하

다냐타 옴 아리다라 사바하

다냐타 옴 아리다라 사바하

稽首西方安樂刹
개수서방안락찰　　　서방안락 정토향해 머리숙여 절하오니

接引衆生大導師
접인중생대도사　　　중생들을 맞이하는 크나크신 스승이여

我今發願願往生
아금발원원왕생　　　극락으로 왕생하기 발원하는 저희들을

唯願慈悲哀攝受
유원자비애섭수　　　자비로써 거두시어 받아들여 주옵소서

故我一心歸命頂禮
고아일심귀명정례　　　제가이제 일심으로 귀명예경 하나이다

南無 西方淨土 極樂世界
나무 서방정토 극락세계

서방정토 극락세계 계시옵는
아미타 부처님께 귀의합니다

나무아미타블　나무아미타블
나무아미타블　나무아미타블
나무아미타블　나무아미타블
나무아미타블　나무아미타블

나무아미타블 나무아미타블 나무아미타블
나무아미타블 나무아미타블 나무아미타블
나무아미타블 나무아미타블 나무아미타블
나무아미타블 나무아미타블 나무아미타블

나무아미타블 나무아미타블 나무아미타블
나무아미타블 나무아미타블 나무아미타블

나무아미타불 나무아미타불 나무아미타불
나무아미타불 나무아미타불 나무아미타불
나무아미타불 나무아미타불 나무아미타불

나무아미타불 나무아미타불 나무아미타불
나무아미타불 나무아미타불 나무아미타불
나무아미타불 나무아미타불 나무아미타불
나무아미타불 나무아미타불 나무아미타불
나무아미타불 나무아미타불 나무아미타불
나무아미타불 나무아미타불 나무아미타불
나무아미타불 나무아미타불 나무아미타불

아미타불   아미타불   아미타불   아미타불
아미타불   아미타불   아미타불   아미타불
아미타불   아미타불   아미타불   아미타불
아미타불   아미타불   아미타불   아미타불
아미타불   아미타불   아미타불   아미타불
아미타불   아미타불   아미타불   아미타불
아미타불   아미타불   아미타불   아미타불

아미타불　아미타불　아미타불　아미타불
아미타불　아미타불　아미타불　아미타불
아미타불　아미타불　아미타불　아미타불
아미타불　아미타불　아미타불　아미타불
아미타불　아미타불　아미타불　아미타불
아미타불　아미타불　아미타불　아미타불

阿彌陀佛　本心微妙眞言
아미타불　본심미묘진언

다냐타　옴　아리다라　사바하

다냐타　옴　아리다라　사바하

다냐타　옴　아리다라　사바하

稽首西方安樂刹
개수서방안락찰

接引衆生大導師
접인중생대도사

我今發願願往生
아금발원원왕생

唯願慈悲哀攝受
유원자비애섭수

故我一心歸命頂禮
고아일심귀명정례

서방안락 정토향해 머리숙여 절하오니

중생들을 맞이하는 크나크신 스승이여

극락으로 왕생하기 발원하는 저희들을

자비로써 거두시어 받아들여 주옵소서

제가이제 일심으로 귀명예경 하나이다

南無　西方淨土　極樂世界
나무 서방정토 극락세계

서방정토 극락세계 계시옵는
아미타 부처님께 귀의합니다

나무아미타불　나무아미타불
나무아미타불　나무아미타불
나무아미타불　나무아미타불
나무아미타불　나무아미타불

나무아미타불 나무아미타불 나무아미타불
나무아미타불 나무아미타불 나무아미타불
나무아미타불 나무아미타불 나무아미타불
나무아미타불 나무아미타불 나무아미타불

나무아미타불 나무아미타불 나무아미타불
나무아미타불 나무아미타불 나무아미타불

나무아미타불 나무아미타불 나무아미타불
나무아미타불 나무아미타불 나무아미타불
나무아미타불 나무아미타불 나무아미타불

나무아미타불 나무아미타불 나무아미타불
나무아미타불 나무아미타불 나무아미타불
나무아미타불 나무아미타불 나무아미타불
나무아미타불 나무아미타불 나무아미타불
나무아미타불 나무아미타불 나무아미타불
나무아미타불 나무아미타불 나무아미타불
나무아미타불 나무아미타불 나무아미타불

아미타불 아미타불 아미타불 아미타불
아미타불 아미타불 아미타불 아미타불
아미타불 아미타불 아미타불 아미타불
아미타불 아미타불 아미타불 아미타불
아미타불 아미타불 아미타불 아미타불
아미타불 아미타불 아미타불 아미타불
아미타불 아미타불 아미타불 아미타불

아미타불　아미타불　아미타불　아미타불
아미타불　아미타불　아미타불　아미타불
아미타불　아미타불　아미타불　아미타불
아미타불　아미타불　아미타불　아미타불
아미타불　아미타불　아미타불　아미타불
아미타불　아미타불　아미타불　아미타불

阿　彌　陀　佛　　本　心　微　妙　眞　言
아미타불　본심미묘진언
다냐타 옴 아리다라 사바하
다냐타 옴 아리다라 사바하
다냐타 옴 아리다라 사바하

稽　首　西　方　安　樂　刹
개수서방안락찰　　서방안락 정토향해 머리숙여 절하오니

接　引　衆　生　大　導　師
접인중생대도사　　중생들을 맞이하는 크나크신 스승이여

我　今　發　願　願　往　生
아금발원원왕생　　극락으로 왕생하기 발원하는 저희들을

唯　願　慈　悲　哀　攝　受
유원자비애섭수　　자비로써 거두시어 받아들여 주옵소서

故　我　一　心　歸　命　頂　禮
고아일심귀명정례　　제가이제 일심으로 귀명예경 하나이다

南無　西方淨土　極樂世界
나무 서방정토 극락세계

서방정토 극락세계 계시옵는
아미타 부처님께 귀의합니다

나무아미타불 나무아미타불
나무아미타불 나무아미타불
나무아미타불 나무아미타불
나무아미타불 나무아미타불

나무아미타불 나무아미타불 나무아미타불
나무아미타불 나무아미타불 나무아미타불
나무아미타불 나무아미타불 나무아미타불
나무아미타불 나무아미타불 나무아미타불

나무아미타불 나무아미타불 나무아미타불
나무아미타불 나무아미타불 나무아미타불

나무아미타불 나무아미타불 나무아미타불
나무아미타불 나무아미타불 나무아미타불
나무아미타불 나무아미타불 나무아미타불

나무아미타불　나무아미타불　나무아미타불
나무아미타불　나무아미타불　나무아미타불
나무아미타불　나무아미타불　나무아미타불
나무아미타불　나무아미타불　나무아미타불
나무아미타불　나무아미타불　나무아미타불
나무아미타불　나무아미타불　나무아미타불
나무아미타불　나무아미타불　나무아미타불

아미타불　아미타불　아미타불　아미타불
아미타불　아미타불　아미타불　아미타불
아미타불　아미타불　아미타불　아미타불
아미타불　아미타불　아미타불　아미타불
아미타불　아미타불　아미타불　아미타불
아미타불　아미타불　아미타불　아미타불
아미타불　아미타불　아미타불　아미타불

아미타블　아미타블　아미타블　아미타블
아미타블　아미타블　아미타블　아미타블
아미타블　아미타블　아미타블　아미타블
아미타블　아미타블　아미타블　아미타블
아미타블　아미타블　아미타블　아미타블
아미타블　아미타블　아미타블　아미타블

阿　彌　陀　佛　　本　心　微　妙　眞　言
아미타블　본심미묘진언
다냐타　옴　아리다라　사바하
다냐타　옴　아리다라　사바하
다냐타　옴　아리다라　사바하

稽　首　西　方　安　樂　刹
개수서방안락찰　　서방안락 정토향해 머리숙여 절하오니

接　引　衆　生　大　導　師
접인중생대도사　　중생들을 맞이하는 크나크신 스숭이여

我　今　發　願　願　往　生
아금발원원왕생　　극락으로 왕생하기 발원하는 저희들을

唯　願　慈　悲　哀　攝　受
유원자비애섭수　　자비로써 거두시어 받아들여 주웁소서

故　我　一　心　歸　命　頂　禮
고아일심귀명정례　　제가이제 일심으로 귀명예경 하나이다

南無　西方淨土　極樂世界
나무 서방정토 극락세계

서방정토 극락세계 계시옵는
아미타 부처님께 귀의합니다

나무아미타불　나무아미타불
나무아미타불　나무아미타불
나무아미타불　나무아미타불
나무아미타불　나무아미타불

나무아미타불 나무아미타불 나무아미타불
나무아미타불 나무아미타불 나무아미타불
나무아미타불 나무아미타불 나무아미타불
나무아미타불 나무아미타불 나무아미타불

나무아미타불 나무아미타불 나무아미타불
나무아미타불 나무아미타불 나무아미타불

나무아미타불 나무아미타불 나무아미타불
나무아미타불 나무아미타불 나무아미타불
나무아미타불 나무아미타불 나무아미타불

나무아미타불 나무아미타불 나무아미타불
나무아미타불 나무아미타불 나무아미타불
나무아미타불 나무아미타불 나무아미타불
나무아미타불 나무아미타불 나무아미타불
나무아미타불 나무아미타불 나무아미타불
나무아미타불 나무아미타불 나무아미타불
나무아미타불 나무아미타불 나무아미타불

아미타불 아미타불 아미타불 아미타불
아미타불 아미타불 아미타불 아미타불
아미타불 아미타불 아미타불 아미타불
아미타불 아미타불 아미타불 아미타불
아미타불 아미타불 아미타불 아미타불
아미타불 아미타불 아미타불 아미타불
아미타불 아미타불 아미타불 아미타불

아미타불 아미타불 아미타불 아미타불
아미타불 아미타불 아미타불 아미타불
아미타불 아미타불 아미타불 아미타불
아미타불 아미타불 아미타불 아미타불
아미타불 아미타불 아미타불 아미타불
아미타불 아미타불 아미타불 아미타불

阿彌陀佛 本心微妙眞言
아미타불 본심미묘진언

다냐타 옴 아리다라 사바하

다냐타 옴 아리다라 사바하

다냐타 옴 아리다라 사바하

稽首西方安樂刹
개수서방안락찰　　서방안락 정토향해 머리숙여 절하오니

接引衆生大導師
접인중생대도사　　중생들을 맞이하는 크나크신 스승이여

我今發願願往生
아금발원원왕생　　극락으로 왕생하기 발원하는 저희들을

唯願慈悲哀攝受
유원자비애섭수　　자비로써 거두시어 받아들여 주옵소서

故我一心歸命頂禮
고아일심귀명정례　　제가이제 일심으로 귀명예경 하나이다

南無 西方淨土 極樂世界
나무 서방정토 극락세계

서방정토 극락세계 계시옵는
아미타 부처님께 귀의합니다

나무아미타불 나무아미타불
나무아미타불 나무아미타불
나무아미타불 나무아미타불
나무아미타불 나무아미타불

나무아미타불 나무아미타불 나무아미타불
나무아미타불 나무아미타불 나무아미타불
나무아미타불 나무아미타불 나무아미타불
나무아미타불 나무아미타불 나무아미타불

나무아미타불 나무아미타불 나무아미타불
나무아미타불 나무아미타불 나무아미타불

나무아미타불 나무아미타불 나무아미타불
나무아미타불 나무아미타불 나무아미타불
나무아미타불 나무아미타불 나무아미타불

나무아미타불 나무아미타불 나무아미타불
나무아미타불 나무아미타불 나무아미타불
나무아미타불 나무아미타불 나무아미타불
나무아미타불 나무아미타불 나무아미타불
나무아미타불 나무아미타불 나무아미타불
나무아미타불 나무아미타불 나무아미타불
나무아미타불 나무아미타불 나무아미타불

아미타불   아미타불   아미타불   아미타불
아미타불   아미타불   아미타불   아미타불
아미타불   아미타불   아미타불   아미타불
아미타불   아미타불   아미타불   아미타불
아미타불   아미타불   아미타불   아미타불
아미타불   아미타불   아미타불   아미타불
아미타불   아미타불   아미타불   아미타불

아미타불 아미타불 아미타불 아미타불
아미타불 아미타불 아미타불 아미타불
아미타불 아미타불 아미타불 아미타불
아미타불 아미타불 아미타불 아미타불
아미타불 아미타불 아미타불 아미타불
아미타불 아미타불 아미타불 아미타불

阿 彌 陀 佛　　本 心 微 妙 眞 言
아미타불 본심미묘진언

다냐타 옴 아리다라 사바하

다냐타 옴 아리다라 사바하

다냐타 옴 아리다라 사바하

稽 首 西 方 安 樂 刹
개수서방안락찰　　서방안락 정토향해 머리숙여 절하오니

接 引 衆 生 大 導 師
접인중생대도사　　중생들을 맞이하는 크나크신 스승이여

我 今 發 願 願 往 生
아금발원원왕생　　극락으로 왕생하기 발원하는 저희들을

唯 願 慈 悲 哀 攝 受
유원자비애섭수　　자비로써 거두시어 받아들여 주옵소서

故 我 一 心 歸 命 頂 禮
고아일심귀명정례　　제가이제 일심으로 귀명예경 하나이다

불기25 년 월 일

76

南無　西方淨土　極樂世界
나무 서방정토 극락세계

서방정토 극락세계 계시옵는
아미타 부처님께 귀의합니다

나무아미타불　나무아미타불
나무아미타불　나무아미타불
나무아미타불　나무아미타불
나무아미타불　나무아미타불

나무아미타불 나무아미타불 나무아미타불
나무아미타불 나무아미타불 나무아미타불
나무아미타불 나무아미타불 나무아미타불
나무아미타불 나무아미타불 나무아미타불

나무아미타불 나무아미타불 나무아미타불
나무아미타불 나무아미타불 나무아미타불

나무아미타불 나무아미타불 나무아미타불
나무아미타불 나무아미타불 나무아미타불
나무아미타불 나무아미타불 나무아미타불

나무아미타불 나무아미타불 나무아미타불
나무아미타불 나무아미타불 나무아미타불
나무아미타불 나무아미타불 나무아미타불
나무아미타불 나무아미타불 나무아미타불
나무아미타불 나무아미타불 나무아미타불
나무아미타불 나무아미타불 나무아미타불
나무아미타불 나무아미타불 나무아미타불

아미타불 아미타불 아미타불 아미타불
아미타불 아미타불 아미타불 아미타불
아미타불 아미타불 아미타불 아미타불
아미타불 아미타불 아미타불 아미타불
아미타불 아미타불 아미타불 아미타불
아미타불 아미타불 아미타불 아미타불
아미타불 아미타불 아미타불 아미타불

아미타불 아미타불 아미타불 아미타불
아미타불 아미타불 아미타불 아미타불
아미타불 아미타불 아미타불 아미타불
아미타불 아미타불 아미타불 아미타불
아미타불 아미타불 아미타불 아미타불
아미타불 아미타불 아미타불 아미타불

阿彌陀佛 本心微妙眞言
아미타불 본심미묘진언

다냐타 옴 아리다라 사바하

다냐타 옴 아리다라 사바하

다냐타 옴 아리다라 사바하

稽首西方安樂刹
개수서방안락찰 서방안락 정토향해 머리숙여 절하오니

接引衆生大導師
접인중생대도사 중생들을 맞이하는 크나크신 스승이여

我今發願願往生
아금발원원왕생 극락으로 왕생하기 발원하는 저희들을

唯願慈悲哀攝受
유원자비애섭수 자비로써 거두시어 받아들여 주옵소서

故我一心歸命頂禮
고아일심귀명정례 제가이제 일심으로 귀명예경 하나이다

南無　西方淨土　極樂世界
나무 서방정토 극락세계

서방정토 극락세계 계시옵는
아미타 부처님께 귀의합니다

나무아미타블 　나무아미타블
나무아미타블 　나무아미타블
나무아미타블 　나무아미타블
나무아미타블 　나무아미타블

나무아미타블 나무아미타블 나무아미타블
나무아미타블 나무아미타블 나무아미타블
나무아미타블 나무아미타블 나무아미타블
나무아미타블 나무아미타블 나무야미타블

나무아미타블 나무아미타블 나무아미타블
나무아미타블 나무아미타블 나무아미타블

나무아미타불 나무아미타불 나무아미타불
나무아미타불 나무아미타불 나무아미타불
나무아미타불 나무아미타불 나무아미타불

나무아미타불 나무아미타불 나무아미타불
나무아미타불 나무아미타불 나무아미타불
나무아미타불 나무아미타불 나무아미타불
나무아미타불 나무아미타불 나무아미타불
나무아미타불 나무아미타불 나무아미타불
나무아미타불 나무아미타불 나무아미타불
나무아미타불 나무아미타불 나무아미타불

아미타불 아미타불 아미타불 아미타불
아미타불 아미타불 아미타불 아미타불
아미타불 아미타불 아미타불 아미타불
아미타불 아미타불 아미타불 아미타불
아미타불 아미타불 아미타불 아미타불
아미타불 아미타불 아미타불 아미타불
아미타불 아미타불 아미타불 아미타불

아미타블　아미타블　아미타블　아미타블
아미타블　아미타블　아미타블　아미타블
아미타블　아미타블　아미타블　아미타블
아미타블　아미타블　아미타블　아미타블
아미타블　아미타블　아미타블　아미타블
아미타블　아미타블　아미타블　아미타블

阿　彌　陀　佛　　本　心　微　妙　眞　言
아미타블　본심미묘진언

다냐타　옴　아리다라　사바하

다냐타　옴　아리다라　사바하

다냐타　옴　아리다라　사바하

稽　首　西　方　安　樂　刹	
개수서방안락찰	서방안락 정토향해 머리숙여 절하오니
接　引　衆　生　大　導　師	
접인중생대도사	중생들을 맞이하는 크나크신 스승이여
我　今　發　願　願　往　生	
아금발원원왕생	극락으로 왕생하기 발원하는 저희들을
唯　願　慈　悲　哀　攝　受	
유원자비애섭수	자비로써 거두시어 받아들여 주옵소서
故　我　一　心　歸　命　頂　禮	
고아일심귀명정례	제가이제 일심으로 귀명예경 하나이다

南無　西方淨土　極樂世界
나무 서방정토 극락세계

서방정토 극락세계 계시옵는
아미타 부처님께 귀의합니다

나무아미타불　나무아미타불
나무아미타불　나무아미타불
나무아미타불　나무아미타불
나무아미타불　나무아미타불

나무아미타불 나무아미타불 나무아미타불
나무아미타불 나무아미타불 나무아미타불
나무아미타불 나무아미타불 나무아미타불
나무아미타불 나무아미타불 나무아미타불

나무아미타불 나무아미타불 나무아미타불
나무아미타불 나무아미타불 나무아미타불

나무아미타블 나무아미타블 나무아미타블
나무아미타블 나무아미타블 나무아미타블
나무아미타블 나무아미타블 나무아미타블

나무아미타블 나무아미타블 나무아미타블
나무아미타블 나무아미타블 나무아미타블
나무아미타블 나무아미타블 나무아미타블
나무아미타블 나무아미타블 나무아미타블
나무아미타블 나무아미타블 나무아미타블
나무아미타블 나무아미타블 나무아미타블
나무아미타블 나무아미타블 나무아미타블

아미타블 아미타블 아미타블 아미타블
아미타블 아미타블 아미타블 아미타블
아미타블 아미타블 아미타블 아미타블
아미타블 아미타블 아미타블 아미타블
아미타블 아미타블 아미타블 아미타블
아미타블 아미타블 아미타블 아미타블
아미타블 아미타블 아미타블 아미타블

아미타불 아미타불 아미타불 아미타불
아미타불 아미타불 아미타불 아미타불
아미타불 아미타불 아미타불 아미타불
아미타불 아미타불 아미타불 아미타불
아미타불 아미타불 아미타불 아미타불
아미타불 아미타불 아미타불 아미타불

阿 彌 陀 佛　　　本 心 微 妙 眞 言
아미타불　본심미묘진언

다냐타 옴 아리다라 사바하

다냐타 옴 아리다라 사바하

다냐타 옴 아리다라 사바하

稽 首 西 方 安 樂 刹
개수서방안락찰
서방안락 정토향해 머리숙여 절하오니

接 引 衆 生 大 導 師
접인중생대도사
중생들을 맞이하는 크나크신 스승이여

我 今 發 願 願 往 生
아금발원원왕생
극락으로 왕생하기 발원하는 저희들을

唯 願 慈 悲 哀 攝 受
유원자비애섭수
자비로써 거두시어 받아들여 주웁소서

故 我 一 心 歸 命 頂 禮
고아일심귀명정례
제가이제 일심으로 귀명예경 하나이다

南無 西方淨土 極樂世界
나무 서방정토 극락세계

서방정토 극락세계 계시옵는
아미타 부처님께 귀의합니다

나무아미타불 　나무아미타불
나무아미타불 　나무아미타불
나무아미타불 　나무아미타불
나무아미타불 　나무아미타불

나무아미타불 나무아미타불 나무아미타불
나무아미타불 나무아미타불 나무아미타불
나무아미타불 나무아미타불 나무아미타불
나무아미타불 나무아미타불 나무아미타불

나무아미타불 나무아미타불 나무아미타불
나무아미타불 나무아미타불 나무아미타불

나무아미타블 나무아미타블 나무아미타블
나무아미타블 나무아미타블 나무아미타블
나무아미타블 나무아미타블 나무아미타블

나무아미타블 나무아미타블 나무아미타블
나무아미타블 나무아미타블 나무아미타블
나무아미타블 나무아미타블 나무아미타블
나무아미타블 나무아미타블 나무아미타블
나무아미타블 나무아미타블 나무아미타블
나무아미타블 나무아미타블 나무아미타블
나무아미타블 나무아미타블 나무아미타블

아미타블 아미타블 아미타블 아미타블
아미타블 아미타블 아미타블 아미타블
아미타블 아미타블 아미타블 아미타블
아미타블 아미타블 아미타블 아미타블
아미타블 아미타블 아미타블 아미타블
아미타블 아미타블 아미타블 아미타블
아미타블 아미타블 아미타블 아미타블

아미타불　아미타불　아미타불　아미타불
아미타불　아미타불　아미타불　아미타불
아미타불　아미타불　아미타불　아미타불
아미타불　아미타불　아미타불　아미타불
아미타불　아미타불　아미타불　아미타불
아미타불　아미타불　아미타불　아미타불

阿彌陀佛　本心微妙眞言
아미타불　본심미묘진언

다냐타 옴 아리다라 사바하

다냐타 옴 아리다라 사바하

다냐타 옴 아리다라 사바하

稽首西方安樂刹
개수서방안락찰　　　서방안락 정토향해 머리숙여 절하오니

接引衆生大導師
접인중생대도사　　　중생들을 맞이하는 크나크신 스승이여

我今發願願往生
아금발원원왕생　　　극락으로 왕생하기 발원하는 저희들을

唯願慈悲哀攝受
유원자비애섭수　　　자비로써 거두시어 받아들여 주옵소서

故我一心歸命頂禮
고아일심귀명정례　　　제가이제 일심으로 귀명예경 하나이다

南無 西方淨土 極樂世界
나무 서방정토 극락세계

서방정토 극락세계 계시옵는
아미타 부처님께 귀의합니다

나무아미타불 나무아미타불
나무아미타불 나무아미타불
나무아미타불 나무아미타불
나무아미타불 나무아미타불

나무아미타불 나무아미타불 나무아미타불
나무아미타불 나무아미타불 나무아미타불
나무아미타불 나무아미타불 나무아미타불
나무아미타불 나무아미타불 나무아미타불

나무아미타불 나무아미타불 나무아미타불
나무아미타불 나무아미타불 나무아미타불

나무아미타불 나무아미타불 나무아미타불
나무아미타불 나무아미타불 나무아미타불
나무아미타불 나무아미타불 나무아미타불

나무아미타불 나무아미타불 나무아미타불
나무아미타불 나무아미타불 나무아미타불
나무아미타불 나무아미타불 나무아미타불
나무아미타불 나무아미타불 나무아미타불
나무아미타불 나무아미타불 나무아미타불
나무아미타불 나무아미타불 나무아미타불
나무아미타불 나무아미타불 나무아미타불

아미타불 아미타불 아미타불 아미타불
아미타불 아미타불 아미타불 아미타불
아미타불 아미타불 아미타불 아미타불
아미타불 아미타불 아미타불 아미타불
아미타불 아미타불 아미타불 아미타불
아미타불 아미타불 아미타불 아미타불
아미타불 아미타불 아미타불 아미타불

아미타블　아미타블　아미타블　아미타블
아미타블　아미타블　아미타블　아미타블
아미타블　아미타블　아미타블　아미타블
아미타블　아미타블　아미타블　아미타블
아미타블　아미타블　아미타블　아미타블
아미타블　아미타블　아미타블　아미타블

阿 彌 陀 佛　　本 心 微 妙 眞 言
아미타블　본심미묘진언
다냐타 옴 아리다라 사바하
다냐타 옴 아리다라 사바하
다냐타 옴 아리다라 사바하

稽 首 西 方 安 樂 刹
개수서방안락찰　　　　서방안락 정토향해 머리숙여 절하오니

接 引 衆 生 大 導 師
접인중생대도사　　　　중생들을 맞이하는 크나크신 스승이여

我 今 發 願 願 往 生
아금발원원왕생　　　　극락으로 왕생하기 발원하는 저희들을

唯 願 慈 悲 哀 攝 受
유원자비애섭수　　　　자비로써 거두시어 받아들여 주옵소서

故 我 一 心 歸 命 頂 禮
고아일심귀명정례　　　제가이제 일심으로 귀명예경 하나이다

南無 西方淨土 極樂世界
나무 서방정토 극락세계

서방정토 극락세계 계시옵는
아미타 부처님께 귀의합니다

나무아미타불　나무아미타불
나무아미타불　나무아미타불
나무아미타불　나무아미타불
나무아미타불　나무아미타불

나무아미타불 나무아미타불 나무아미타불
나무아미타불 나무아미타불 나무아미타불
나무아미타불 나무아미타불 나무아미타불
나무아미타불 나무아미타불 나무아미타불

나무아미타불 나무아미타불 나무아미타불
나무아미타불 나무아미타불 나무아미타불

나무아미타불 나무아미타불 나무아미타불
나무아미타불 나무아미타불 나무아미타불
나무아미타불 나무아미타불 나무아미타불

나무아미타불 나무아미타불 나무아미타불
나무아미타불 나무아미타불 나무아미타불
나무아미타불 나무아미타불 나무아미타불
나무아미타불 나무아미타불 나무아미타불
나무아미타불 나무아미타불 나무아미타불
나무아미타불 나무아미타불 나무아미타불
나무아미타불 나무아미타불 나무아미타불

아미타불 아미타불 아미타불 아미타불
아미타불 아미타불 아미타불 아미타불
아미타불 아미타불 아미타불 아미타불
아미타불 아미타불 아미타불 아미타불
아미타불 아미타불 아미타불 아미타불
아미타불 아미타불 아미타불 아미타불
아미타불 아미타불 아미타불 아미타불

아미타불 아미타불 아미타불 아미타불
아미타불 아미타불 아미타불 아미타불
아미타불 아미타불 아미타불 아미타불
아미타불 아미타불 아미타불 아미타불
아미타불 아미타불 아미타불 아미타불
아미타불 아미타불 아미타불 아미타불

阿彌陀佛 本心微妙眞言
아미타불 본심미묘진언

다냐타 옴 아리다라 사바하

다냐타 옴 아리다라 사바하

다냐타 옴 아리다라 사바하

稽首西方安樂刹
개수서방안락찰　　서방안락 정토향해 머리숙여 절하오니

接引衆生大導師
접인중생대도사　　중생들을 맞이하는 크나크신 스승이여

我今發願願往生
아금발원원왕생　　극락으로 왕생하기 발원하는 저희들을

唯願慈悲哀攝受
유원자비애섭수　　자비로써 거두시어 받아들여 주옵소서

故我一心歸命頂禮
고아일심귀명정례　　제가이제 일심으로 귀명예경 하나이다

南無　西方淨土　極樂世界
나무 서방정토 극락세계

서방정토 극락세계 계시옵는
아미타 부처님께 귀의합니다

나무아미타불　나무아미타불
나무아미타불　나무아미타불
나무아미타불　나무아미타불
나무아미타불　나무아미타불

나무아미타불 나무아미타불 나무아미타불
나무아미타불 나무아미타불 나무아미타불
나무아미타불 나무아미타불 나무아미타불
나무아미타불 나무아미타불 나무아미타불

나무아미타불 나무아미타불 나무아미타불
나무아미타불 나무아미타불 나무아미타불

나무아미타불 나무아미타불 나무아미타불
나무아미타불 나무아미타불 나무아미타불
나무아미타불 나무아미타불 나무아미타불

나무아미타불 나무아미타불 나무아미타불
나무아미타불 나무아미타불 나무아미타불
나무아미타불 나무아미타불 나무아미타불
나무아미타불 나무아미타불 나무아미타불
나무아미타불 나무아미타불 나무아미타불
나무아미타불 나무아미타불 나무아미타불
나무아미타불 나무아미타불 나무아미타불

아미타불 아미타불 아미타불 아미타불
아미타불 아미타불 아미타불 아미타불
아미타불 아미타불 아미타불 아미타불
아미타불 아미타불 아미타불 아미타불
아미타불 아미타불 아미타불 아미타불
아미타불 아미타불 아미타불 아미타불
아미타불 아미타불 아미타불 아미타불

아미타불　아미타불　아미타불　아미타불
아미타불　아미타불　아미타불　아미타불
아미타불　아미타불　아미타불　아미타불
아미타불　아미타불　아미타불　아미타불
아미타불　아미타불　아미타불　아미타불
아미타불　아미타불　아미타불　아미타불

阿彌陀佛　本心微妙眞言
아미타불　본심미묘진언

다냐타 옴 아리다라 사바하

다냐타 옴 아리다라 사바하

다냐타 옴 아리다라 사바하

稽首西方安樂刹
개수서방안락찰　　서방안락 정토향해 머리숙여 절하오니

接引衆生大導師
접인중생대도사　　중생들을 맞이하는 크나크신 스승이여

我今發願願往生
아금발원원왕생　　극락으로 왕생하기 발원하는 저희들을

唯願慈悲哀攝受
유원자비애섭수　　자비로써 거두시어 받아들여 주옵소서

故我一心歸命頂禮
고아일심귀명정례　　제가이제 일심으로 귀명예경 하나이다

南無 西方淨土 極樂世界
나무 서방정토 극락세계

서방정토 극락세계 계시옵는
아미타 부처님께 귀의합니다

나무아미타불 나무아미타불
나무아미타불 나무아미타불
나무아미타불 나무아미타불
나무아미타불 나무아미타불

나무아미타불 나무아미타불 나무아미타불
나무아미타불 나무아미타불 나무아미타불
나무아미타불 나무아미타불 나무아미타불
나무아미타불 나무아미타불 나무아미타불

나무아미타불 나무아미타불 나무아미타불
나무아미타불 나무아미타불 나무아미타불

나무아미타불 나무아미타불 나무아미타불
나무아미타불 나무아미타불 나무아미타불
나무아미타불 나무아미타불 나무아미타불

나무아미타불 나무아미타불 나무아미타불
나무아미타불 나무아미타불 나무아미타불
나무아미타불 나무아미타불 나무아미타불
나무아미타불 나무아미타불 나무아미타불
나무아미타불 나무아미타불 나무아미타불
나무아미타불 나무아미타불 나무아미타불
나무아미타불 나무아미타불 나무아미타불

아미타불 아미타불 아미타불 아미타불
아미타불 아미타불 아미타불 아미타불
아미타불 아미타불 아미타불 아미타불
아미타불 아미타불 아미타불 아미타불
아미타불 아미타불 아미타불 아미타불
아미타불 아미타불 아미타불 아미타불
아미타불 아미타불 아미타불 아미타불

아미타불 아미타불 아미타불 아미타불
아미타불 아미타불 아미타불 아미타불
아미타불 아미타불 아미타불 아미타불
아미타불 아미타불 아미타불 아미타불
아미타불 아미타불 아미타불 아미타불
아미타불 아미타불 아미타불 아미타불

阿彌陀佛 本心微妙眞言
아미타불 본심미묘진언
다냐타 옴 아리다라 사바하
다냐타 옴 아리다라 사바하
다냐타 옴 아리다라 사바하

稽首西方安樂刹
계수서방안락찰 　　　서방안락 정토향해 머리숙여 절하오니

接引衆生大導師
접인중생대도사 　　　중생들을 맞이하는 크나크신 스승이여

我今發願願往生
아금발원원왕생 　　　극락으로 왕생하기 발원하는 저희들을

唯願慈悲哀攝受
유원자비애섭수 　　　자비로써 거두시어 받아들여 주옵소서

故我一心歸命頂禮
고아일심귀명정례 　　　제가이제 일심으로 귀명예경 하나이다

南無 西方淨土 極樂世界
나무 서방정토 극락세계

서방정토 극락세계 계시옵는
아미타 부처님께 귀의합니다

나무아미타불 　나무아미타불
나무아미타불 　나무아미타불
나무아미타불 　나무아미타불
나무아미타불 　나무아미타불

나무아미타불 나무아미타불 나무아미타불
나무아미타불 나무아미타불 나무아미타불
나무아미타불 나무아미타불 나무아미타불
나무아미타불 나무아미타불 나무아미타불

나무아미타불 나무아미타불 나무아미타불
나무아미타불 나무아미타불 나무아미타불

나무아미타불 나무아미타불 나무아미타불
나무아미타불 나무아미타불 나무아미타불
나무아미타불 나무아미타불 나무아미타불

나무아미타불 나무아미타불 나무아미타불
나무아미타불 나무아미타불 나무아미타불
나무아미타불 나무아미타불 나무아미타불
나무아미타불 나무아미타불 나무아미타불
나무아미타불 나무아미타불 나무아미타불
나무아미타불 나무아미타불 나무아미타불
나무아미타불 나무아미타불 나무아미타불

아미타불 아미타불 아미타불 아미타불
아미타불 아미타불 아미타불 아미타불
아미타불 아미타불 아미타불 아미타불
아미타불 아미타불 아미타불 아미타불
아미타불 아미타불 아미타불 아미타불
아미타불 아미타불 아미타불 아미타불
아미타불 아미타불 아미타불 아미타불

아미타불　아미타불　아미타불　아미타불
아미타불　아미타불　아미타불　아미타불
아미타불　아미타불　아미타불　아미타불
아미타불　아미타불　아미타불　아미타불
아미타불　아미타불　아미타불　아미타불
아미타불　아미타불　아미타불　아미타불

阿　彌　陀　佛　　　本　心　微　妙　眞　言
아미타불　본심미묘진언

다냐타　옴　아리다라　사바하

다냐타　옴　아리다라　사바하

다냐타　옴　아리다라　사바하

稽　首　西　方　安　樂　刹
개수서방안락찰　　　서방안락　정토향해　머리숙여　절하오니

接　引　衆　生　大　導　師
접인중생대도사　　　중생들을　맞이하는　크나크신　스승이여

我　今　發　願　願　往　生
아금발원원왕생　　　극락으로　왕생하기　발원하는　저희들을

唯　願　慈　悲　哀　攝　受
유원자비애섭수　　　자비로써　거두시어　받아들여　주옵소서

故　我　一　心　歸　命　頂　禮
고아일심귀명정례　　　제가이제　일심으로　귀명예경　하나이다

南無 西方淨土 極樂世界
나무 서방정토 극락세계

서방정토 극락세계 계시옵는
아미타 부처님께 귀의합니다

나무아미타불 나무아미타불
나무아미타불 나무아미타불
나무아미타불 나무아미타불
나무아미타불 나무아미타불

나무아미타불 나무아미타불 나무아미타불
나무아미타불 나무아미타불 나무아미타불
나무아미타불 나무아미타불 나무아미타불
나무아미타불 나무아미타불 나무아미타불

나무아미타불 나무아미타불 나무아미타불
나무아미타불 나무아미타불 나무아미타불

나무아미타불 나무아미타불 나무아미타불
나무아미타불 나무아미타불 나무아미타불
나무아미타불 나무아미타불 나무아미타불

나무아미타불 나무아미타불 나무아미타불
나무아미타불 나무아미타불 나무아미타불
나무아미타불 나무아미타불 나무아미타불
나무아미타불 나무아미타불 나무아미타불
나무아미타불 나무아미타불 나무아미타불
나무아미타불 나무아미타불 나무아미타불
나무아미타불 나무아미타불 나무아미타불

아미타불 아미타불 아미타불 아미타불
아미타불 아미타불 아미타불 아미타불
아미타불 아미타불 아미타불 아미타불
아미타불 아미타불 아미타불 아미타불
아미타불 아미타불 아미타불 아미타불
아미타불 아미타불 아미타불 아미타불
아미타불 아미타불 아미타불 아미타불

아미타불　아미타불　아미타불　아미타불
아미타불　아미타불　아미타불　아미타불
아미타불　아미타불　아미타불　아미타불
아미타불　아미타불　아미타불　아미타불
아미타불　아미타불　아미타불　아미타불
아미타불　아미타불　아미타불　아미타불

阿　彌　陀　佛　　本　心　微　妙　眞　言
아미타불　본심미묘진언

다냐타 옴 아리다라 사바하

다냐타 옴 아리다라 사바하

다냐타 옴 아리다라 사바하

稽　首　西　方　安　樂　刹
개수서방안락찰　　　서방안락 정토향해 머리숙여 절하오니

接　引　衆　生　大　導　師
접인중생대도사　　　중생들을 맞이하는 크나크신 스승이여

我　今　發　願　願　往　生
아금발원원왕생　　　극락으로 왕생하기 발원하는 저희들을

唯　願　慈　悲　哀　攝　受
유원자비애섭수　　　자비로써 거두시어 받아들여 주옵소서

故　我　一　心　歸　命　頂　禮
고아일심귀명정례　　　제가이제 일심으로 귀명예경 하나이다

南無 西方淨土 極樂世界
나무 서방정토 극락세계

서방정토 극락세계 계시옵는
아미타 부처님께 귀의합니다

나무아미타불 　나무아미타불
나무아미타불 　나무아미타불
나무아미타불 　나무아미타불
나무아미타불 　나무아미타불

나무아미타불 나무아미타불 나무아미타불
나무아미타불 나무아미타불 나무아미타불
나무아미타불 나무아미타불 나무아미타불
나무아미타불 나무아미타불 나무아미타불

나무아미타불 나무아미타불 나무아미타불
나무아미타불 나무아미타불 나무아미타불

나무아미타불 나무아미타불 나무아미타불
나무아미타불 나무아미타불 나무아미타불
나무아미타불 나무아미타불 나무아미타불

나무아미타불 나무아미타불 나무아미타불
나무아미타불 나무아미타불 나무아미타불
나무아미타불 나무아미타불 나무아미타불
나무아미타불 나무아미타불 나무아미타불
나무아미타불 나무아미타불 나무아미타불
나무아미타불 나무아미타불 나무아미타불
나무아미타불 나무아미타불 나무아미타불

아미타불 아미타불 아미타불 아미타불
아미타불 아미타불 아미타불 아미타불
아미타불 아미타불 아미타불 아미타불
아미타불 아미타불 아미타불 아미타불
아미타불 아미타불 아미타불 아미타불
아미타불 아미타불 아미타불 아미타불
아미타불 아미타불 아미타불 아미타불

아미타불　아미타불　아미타불　아미타불
아미타불　아미타불　아미타불　아미타불
아미타불　아미타불　아미타불　아미타불
아미타불　아미타불　아미타불　아미타불
아미타불　아미타불　아미타불　아미타불
아미타불　아미타불　아미타불　아미타불

阿　彌　陀　佛　　本　心　微　妙　眞　言
아미타불　본심미묘진언

다냐타　옴　아리다라　사바하

다냐타　옴　아리다라　사바하

다냐타　옴　아리다라　사바하

稽　首　西　方　安　樂　刹
개수서방안락찰　　서방안락　정토향해　머리숙여　절하오니

接　引　衆　生　大　導　師
접인중생대도사　　중생들을　맞이하는　크나크신　스승이여

我　今　發　願　願　往　生
아금발원원왕생　　극락으로　왕생하기　발원하는　저희들을

唯　願　慈　悲　哀　攝　受
유원자비애섭수　　자비로써　거두시어　받아들여　주옵소서

故　我　一　心　歸　命　頂　禮
고아일심귀명정례　　제가이제　일심으로　귀명예경　하나이다

南無 西方淨土 極樂世界
나무 서방정토 극락세계

서방정토 극락세계 계시옵는
아미타 부처님께 귀의합니다

나무아미타불 나무아미타불
나무아미타불 나무아미타불
나무아미타불 나무아미타불
나무아미타불 나무아미타불

나무아미타불 나무아미타불 나무아미타불
나무아미타불 나무아미타불 나무아미타불
나무아미타불 나무아미타불 나무아미타불
나무아미타불 나무아미타불 나무아미타불

나무아미타불 나무아미타불 나무아미타불
나무아미타불 나무아미타불 나무아미타불

나무아미타블 나무아미타블 나무아미타블
나무아미타블 나무아미타블 나무아미타블
나무아미타블 나무아미타블 나무아미타블

나무아미타블 나무아미타블 나무아미타블
나무아미타블 나무아미타블 나무아미타블
나무아미타블 나무아미타블 나무아미타블
나무아미타블 나무아미타블 나무아미타블
나무아미타블 나무아미타블 나무아미타블
나무아미타블 나무아미타블 나무아미타블
나무아미타블 나무아미타블 나무아미타블

아미타블 아미타블 아미타블 아미타블
아미타블 아미타블 아미타블 아미타블
아미타블 아미타블 아미타블 아미타블
아미타블 아미타블 아미타블 아미타블
아미타블 아미타블 아미타블 아미타블
아미타블 아미타블 아미타블 아미타블
아미타블 아미타블 아미타블 아미타블

아미타불 아미타불 아미타불 아미타불
아미타불 아미타불 아미타불 아미타불
아미타불 아미타불 아미타불 아미타불
아미타불 아미타불 아미타불 아미타불
아미타불 아미타불 아미타불 아미타불
아미타불 아미타불 아미타불 아미타불

阿 彌 陀 佛　　本 心 微 妙 眞 言
아미타불 본심미묘진언

다냐타 옴 아리다라 사바하

다냐타 옴 아리다라 사바하

다냐타 옴 아리다라 사바하

稽 首 西 方 安 樂 刹
개수서방안락찰　　서방안락 정토향해 머리숙여 절하오니

接 引 衆 生 大 導 師
접인중생대도사　　중생들을 맞이하는 크나크신 스승이여

我 今 發 願 願 往 生
아금발원원왕생　　극락으로 왕생하기 발원하는 저희들을

唯 願 慈 悲 哀 攝 受
유원자비애섭수　　자비로써 거두시어 받아들여 주옵소서

故 我 一 心 歸 命 頂 禮
고아일심귀명정례　　제가이제 일심으로 귀명예경 하나이다

南無　西方淨土　極樂世界
나무 서방정토 극락세계

서방정토 극락세계 계시옵는
아미타 부처님께 귀의합니다

나무아미타불　나무아미타불
나무아미타불　나무아미타불
나무아미타불　나무아미타불
나무아미타불　나무아미타불

나무아미타불 나무아미타불 나무아미타불
나무아미타불 나무아미타불 나무아미타불
나무아미타불 나무아미타불 나무아미타불
나무아미타불 나무아미타불 나무아미타불

나무아미타불 나무아미타불 나무아미타불
나무아미타불 나무아미타불 나무아미타불

나무아미타불 나무아미타불 나무아미타불
나무아미타불 나무아미타불 나무아미타불
나무아미타불 나무아미타불 나무아미타불

나무아미타불 나무아미타불 나무아미타불
나무아미타불 나무아미타불 나무아미타불
나무아미타불 나무아미타불 나무아미타불
나무아미타불 나무아미타불 나무아미타불
나무아미타불 나무아미타불 나무아미타불
나무아미타불 나무아미타불 나무아미타불
나무아미타불 나무아미타불 나무아미타불

아미타불 아미타불 아미타불 아미타불
아미타불 아미타불 아미타불 아미타불
아미타불 아미타불 아미타불 아미타불
아미타불 아미타불 아미타불 아미타불
아미타불 아미타불 아미타불 아미타불
아미타불 아미타불 아미타불 아미타불
아미타불 아미타불 아미타불 아미타불

아미타불　아미타불　아미타불　아미타불
아미타불　아미타불　아미타불　아미타불
아미타불　아미타불　아미타불　아미타불
아미타불　아미타불　아미타불　아미타불
아미타불　아미타불　아미타불　아미타불
아미타불　아미타불　아미타불　아미타불

阿彌陀佛　本心微妙眞言
아미타불　본심미묘진언
다냐타 옴 아리다라 사바하
다냐타 옴 아리다라 사바하
다냐타 옴 아리다라 사바하

稽首西方安樂刹
계수서방안락찰　　　　서방안락 정토향해 머리숙여 절하오니

接引衆生大導師
접인중생대도사　　　　중생들을 맞이하는 크나크신 스승이여

我今發願願往生
아금발원원왕생　　　　극락으로 왕생하기 발원하는 저희들을

唯願慈悲哀攝受
유원자비애섭수　　　　자비로써 거두시어 받아들여 주옵소서

故我一心歸命頂禮
고아일심귀명정례　　　　제가이제 일심으로 귀명예경 하나이다

南無　西方淨土　極樂世界
나무 서방정토 극락세계

서방정토 극락세계 계시옵는
아미타 부처님께 귀의합니다

나무아미타블　나무아미타블
나무아미타블　나무아미타블
나무아미타블　나무아미타블
나무아미타블　나무아미타블

나무아미타블 나무아미타블 나무아미타블
나무아미타블 나무아미타블 나무아미타블
나무아미타블 나무아미타블 나무아미타블
나무아미타블 나무아미타블 나무아미타블

나무아미타블 나무아미타블 나무아미타블
나무아미타블 나무아미타블 나무아미타블

나무아미타불 나무아미타불 나무아미타불
나무아미타불 나무아미타불 나무아미타불
나무아미타불 나무아미타불 나무아미타불

나무아미타불 나무아미타불 나무아미타불
나무아미타불 나무아미타불 나무아미타불
나무아미타불 나무아미타불 나무아미타불
나무아미타불 나무아미타불 나무아미타불
나무아미타불 나무아미타불 나무아미타불
나무아미타불 나무아미타불 나무아미타불
나무아미타불 나무아미타불 나무아미타불

아미타불   아미타불   아미타불   아미타불
아미타불   아미타불   아미타불   아미타불
아미타불   아미타불   아미타불   아미타불
아미타불   아미타불   아미타불   아미타불
아미타불   아미타불   아미타불   아미타불
아미타불   아미타불   아미타불   아미타불
아미타불   아미타불   아미타불   아미타불

아미타불 아미타불 아미타불 아미타불
아미타불 아미타불 아미타불 아미타불
아미타불 아미타불 아미타불 아미타불
아미타불 아미타불 아미타불 아미타불
아미타불 아미타불 아미타불 아미타불
아미타불 아미타불 아미타불 아미타불

阿彌陀佛 本心微妙眞言
아미타불 본심미묘진언

다냐타 옴 아리다라 사바하

다냐타 옴 아리다라 사바하

다냐타 옴 아리다라 사바하

稽首西方安樂刹
계수서방안락찰 　서방안락 정토향해 머리숙여 절하오니

接引衆生大導師
접인중생대도사 　중생들을 맞이하는 크나크신 스승이여

我今發願願往生
아금발원원왕생 　극락으로 왕생하기 발원하는 저희들을

唯願慈悲哀攝受
유원자비애섭수 　자비로써 거두시어 받아들여 주옵소서

故我一心歸命頂禮
고아일심귀명정례 　제가이제 일심으로 귀명예경 하나이다

南無　西方淨土　極樂世界
나무 서방정토 극락세계

서방정토 극락세계 계시옵는
아미타 부처님께 귀의합니다

나무아미타불　나무아미타불
나무아미타불　나무아미타불
나무아미타불　나무아미타불
나무아미타불　나무아미타불

나무아미타불 나무아미타불 나무아미타불
나무아미타불 나무아미타불 나무아미타불
나무아미타불 나무아미타불 나무아미타불
나무아미타불 나무아미타불 나무아미타불

나무아미타불 나무아미타불 나무아미타불
나무아미타불 나무아미타불 나무아미타불

나무아미타불 나무아미타불 나무아미타불
나무아미타불 나무아미타불 나무아미타불
나무아미타불 나무아미타불 나무아미타불

나무아미타불 나무아미타불 나무아미타불
나무아미타불 나무아미타불 나무아미타불
나무아미타불 나무아미타불 나무아미타불
나무아미타불 나무아미타불 나무아미타불
나무아미타불 나무아미타불 나무아미타불
나무아미타불 나무아미타불 나무아미타불
나무아미타불 나무아미타불 나무아미타불

아미타불 아미타불 아미타불 아미타불
아미타불 아미타불 아미타불 아미타불
아미타불 아미타불 아미타불 아미타불
아미타불 아미타불 아미타불 아미타불
아미타불 아미타불 아미타불 아미타불
아미타불 아미타불 아미타불 아미타불
아미타불 아미타불 아미타불 아미타불

아미타불　아미타불　아미타불　아미타불
아미타불　아미타불　아미타불　아미타불
아미타불　아미타불　아미타불　아미타불
아미타불　아미타불　아미타불　아미타불
아미타불　아미타불　아미타불　아미타불
아미타불　아미타불　아미타불　아미타불

阿　彌　陀　佛　　　本　心　微　妙　眞　言
아미타불　본심미묘진언

다냐타　옴　아리다라　사바하

다냐타　옴　아리다라　사바하

다냐타　옴　아리다라　사바하

稽　首　西　方　安　樂　刹
개수서방안락찰　　　서방안락 정토향해 머리숙여 절하오니

接　引　衆　生　大　導　師
접인중생대도사　　　중생들을 맞이하는 크나크신 스승이여

我　今　發　願　願　往　生
아금발원원왕생　　　극락으로 왕생하기 발원하는 저희들을

唯　願　慈　悲　哀　攝　受
유원자비애섭수　　　자비로써 거두시어 받아들여 주옵소서

故　我　一　心　歸　命　頂　禮
고아일심귀명정례　　　제가이제 일심으로 귀명예경 하나이다

南無 西方淨土 極樂世界
나무 서방정토 극락세계

서방정토 극락세계 계시옵는
아미타 부처님께 귀의합니다

나무아미타불 　나무아미타불
나무아미타불 　나무아미타불
나무아미타불 　나무아미타불
나무아미타불 　나무아미타불

나무아미타불 나무아미타불 나무아미타불
나무아미타불 나무아미타불 나무아미타불
나무아미타불 나무아미타불 나무아미타불
나무아미타불 나무아미타불 나무아미타불

나무아미타불 나무아미타불 나무아미타불
나무아미타불 나무아미타불 나무아미타불

나무아미타불 나무아미타불 나무아미타불
나무아미타불 나무아미타불 나무아미타불
나무아미타불 나무아미타불 나무아미타불

나무아미타불 나무아미타불 나무아미타불
나무아미타불 나무아미타불 나무아미타불
나무아미타불 나무아미타불 나무아미타불
나무아미타불 나무아미타불 나무아미타불
나무아미타불 나무아미타불 나무아미타불
나무아미타불 나무아미타불 나무아미타불

아미타불 아미타불 아미타불 아미타불
아미타불 아미타불 아미타불 아미타불
아미타불 아미타불 아미타불 아미타불
아미타불 아미타불 아미타불 아미타불
아미타불 아미타불 아미타불 아미타불
아미타불 아미타불 아미타불 아미타불
아미타불 아미타불 아미타불 아미타불

아미타불　아미타불　아미타불　아미타불
아미타불　아미타불　아미타불　아미타불
아미타불　아미타불　아미타불　아미타불
아미타불　아미타불　아미타불　아미타불
아미타불　아미타불　아미타불　아미타불
아미타불　아미타불　아미타불　아미타불

阿 彌 陀 佛　　本 心 微 妙 眞 言
아미타불 본심미묘진언

다냐타 옴 아리다라 사바하

다냐타 옴 아리다라 사바하

다냐타 옴 아리다라 사바하

稽 首 西 方 安 樂 刹
계수서방안락찰　　　서방안락 정토향해 머리숙여 절하오니

接 引 衆 生 大 導 師
접인중생대도사　　　중생들을 맞이하는 크나크신 스승이여

我 今 發 願 願 往 生
아금발원원왕생　　　극락으로 왕생하기 발원하는 저희들을

唯 願 慈 悲 哀 攝 受
유원자비애섭수　　　자비로써 거두시어 받아들여 주옵소서

故 我 一 心 歸 命 頂 禮
고아일심귀명정례　　　제가이제 일심으로 귀명예경 하나이다

南無　西方淨土　極樂世界
나무 서방정토 극락세계

서방정토 극락세계 계시옵는
아미타 부처님께 귀의합니다

나무아미타불　나무아미타불
나무아미타불　나무아미타불
나무아미타불　나무아미타불
나무아미타불　나무아미타불

나무아미타불 나무아미타불 나무아미타불
나무아미타불 나무아미타불 나무아미타불
나무아미타불 나무아미타불 나무아미타불
나무아미타불 나무아미타불 나무아미타불

나무아미타불 나무아미타불 나무아미타불
나무아미타불 나무아미타불 나무아미타불

나무아미타불 나무아미타불 나무아미타불
나무아미타불 나무아미타불 나무아미타불
나무아미타불 나무아미타불 나무아미타불

나무아미타불 나무아미타불 나무아미타불
나무아미타불 나무아미타불 나무아미타불
나무아미타불 나무아미타불 나무아미타불
나무아미타불 나무아미타불 나무아미타불
나무아미타불 나무아미타불 나무아미타불
나무아미타불 나무아미타불 나무아미타불
나무아미타불 나무아미타불 나무아미타불

아미타불 아미타불 아미타불 아미타불
아미타불 아미타불 아미타불 아미타불
아미타불 아미타불 아미타불 아미타불
아미타불 아미타불 아미타불 아미타불
아미타불 아미타불 아미타불 아미타불
아미타불 아미타불 아미타불 아미타불
아미타불 아미타불 아미타불 아미타불

아미타불 아미타불 아미타불 아미타불
아미타불 아미타불 아미타불 아미타불
아미타불 아미타불 아미타불 아미타불
아미타불 아미타불 아미타불 아미타불
아미타불 아미타불 아미타불 아미타불
아미타불 아미타불 아미타불 아미타불

阿彌陀佛　本心微妙眞言
아미타불 본심미묘진언

다냐타 옴 아리다라 사바하

다냐타 옴 아리다라 사바하

다냐타 옴 아리다라 사바하

稽首西方安樂刹
개수서방안락찰　　서방안락 정토향해 머리숙여 절하오니

接引衆生大導師
접인중생대도사　　중생들을 맞이하는 크나크신 스승이여

我今發願願往生
아금발원원왕생　　극락으로 왕생하기 발원하는 저희들을

唯願慈悲哀攝受
유원자비애섭수　　자비로써 거두시어 받아들여 주옵소서

故我一心歸命頂禮
고아일심귀명정례　　제가이제 일심으로 귀명예경 하나이다

南無 西方淨土 極樂世界
나무 서방정토 극락세계

서방정토 극락세계 계시옵는
아미타 부처님께 귀의합니다

나무아미타불　나무아미타불
나무아미타불　나무아미타불
나무아미타불　나무아미타불
나무아미타불　나무아미타불

나무아미타불 나무아미타불 나무아미타불
나무아미타불 나무아미타불 나무아미타불
나무아미타불 나무아미타불 나무아미타불
나무아미타불 나무아미타불 나무아미타불

나무아미타불 나무아미타불 나무아미타불
나무아미타불 나무아미타불 나무아미타불

나무아미타블 나무아미타블 나무아미타블
나무아미타블 나무아미타블 나무아미타블
나무아미타블 나무아미타블 나무아미타블

나무아미타블 나무아미타블 나무아미타블
나무아미타블 나무아미타블 나무아미타블
나무아미타블 나무아미타블 나무아미타블
나무아미타블 나무아미타블 나무아미타블
나무아미타블 나무아미타블 나무아미타블
나무아미타블 나무아미타블 나무아미타블
나무아미타블 나무아미타블 나무아미타블

아미타블   아미타블   아미타블   아미타블
아미타블   아미타블   아미타블   아미타블
아미타블   아미타블   아미타블   아미타블
아미타블   아미타블   아미타블   아미타블
아미타블   아미타블   아미타블   아미타블
아미타블   아미타블   아미타블   아미타블
아미타블   아미타블   아미타블   아미타블

아미타불 아미타불 아미타불 아미타불
아미타불 아미타불 아미타불 아미타불
아미타불 아미타불 아미타불 아미타불
아미타불 아미타불 아미타불 아미타불
아미타불 아미타불 아미타불 아미타불
아미타불 아미타불 아미타불 아미타불

阿彌陀佛 本心微妙眞言
아미타불 본심미묘진언

다냐타 옴 아리다라 사바하

다냐타 옴 아리다라 사바하

다냐타 옴 아리다라 사바하

稽首西方安樂刹
개수서방안락찰
서방안락 정토향해 머리숙여 절하오니

接引衆生大導師
접인중생대도사
중생들을 맞이하는 크나크신 스승이여

我今發願願往生
아금발원원왕생
극락으로 왕생하기 발원하는 저희들을

唯願慈悲哀攝受
유원자비애섭수
자비로써 거두시어 받아들여 주옵소서

故我一心歸命頂禮
고아일심귀명정례
제가이제 일심으로 귀명예경 하나이다

南無 西方淨土 極樂世界
나무 서방정토 극락세계

서방정토 극락세계 계시옵는
아미타 부처님께 귀의합니다

나무아미타불　나무아미타불
나무아미타불　나무아미타불
나무아미타불　나무아미타불
나무아미타불　나무아미타불

나무아미타불 나무아미타불 나무아미타불
나무아미타불 나무아미타불 나무아미타불
나무아미타불 나무아미타불 나무아미타불
나무아미타불 나무아미타불 나무아미타불

나무아미타불 나무아미타불 나무아미타불
나무아미타불 나무아미타불 나무아미타불

나무아미타블 나무아미타블 나무아미타블
나무아미타블 나무아미타블 나무아미타블
나무아미타블 나무아미타블 나무아미타블

나무아미타블 나무아미타블 나무아미타블
나무아미타블 나무아미타블 나무아미타블
나무아미타블 나무아미타블 나무아미타블
나무아미타블 나무아미타블 나무아미타블
나무아미타블 나무아미타블 나무아미타블
나무아미타블 나무아미타블 나무아미타블
나무아미타블 나무아미타블 나무아미타블

아미타블 아미타블 아미타블 아미타블
아미타블 아미타블 아미타블 아미타블
아미타블 아미타블 아미타블 아미타블
아미타블 아미타블 아미타블 아미타블
아미타블 아미타블 아미타블 아미타블
아미타블 아미타블 아미타블 아미타블
아미타블 아미타블 아미타블 아미타블

아미타불 아미타불 아미타불 아미타불
아미타불 아미타불 아미타불 아미타불
아미타불 아미타불 아미타불 아미타불
아미타불 아미타불 아미타불 아미타불
아미타불 아미타불 아미타불 아미타불
아미타불 아미타불 아미타불 아미타불

阿彌陀佛 本心微妙眞言
아미타불 본심미묘진언

다냐타 옴 아리다라 사바하

다냐타 옴 아리다라 사바하

다냐타 옴 아리다라 사바하

稽首西方安樂刹
계수서방안락찰

서방안락 정토향해 머리숙여 절하오니

接引衆生大導師
접인중생대도사

중생들을 맞이하는 크나크신 스승이여

我今發願願往生
아금발원원왕생

극락으로 왕생하기 발원하는 저희들을

唯願慈悲哀攝受
유원자비애섭수

자비로써 거두시어 받아들여 주옵소서

故我一心歸命頂禮
고아일심귀명정례

제가이제 일심으로 귀명예경 하나이다

南無 西方淨土 極樂世界
나무 서방정토 극락세계

서방정토 극락세계 계시옵는
아미타 부처님께 귀의합니다

나무아미타블 나무아미타블
나무아미타블 나무아미타블
나무아미타블 나무아미타블
나무아미타블 나무아미타블

나무아미타블 나무아미타블 나무아미타블
나무아미타블 나무아미타블 나무아미타블
나무아미타블 나무아미타블 나무아미타블
나무아미타블 나무아미타블 나무아미타블

나무아미타블 나무아미타블 나무아미타블
나무아미타블 나무아미타블 나무아미타블

나무아미타불 나무아미타불 나무아미타불
나무아미타불 나무아미타불 나무아미타불
나무아미타불 나무아미타불 나무아미타불

나무아미타불 나무아미타불 나무아미타불
나무아미타불 나무아미타불 나무아미타불
나무아미타불 나무아미타불 나무아미타불
나무아미타불 나무아미타불 나무아미타불
나무아미타불 나무아미타불 나무아미타불
나무아미타불 나무아미타불 나무아미타불
나무아미타불 나무아미타불 나무아미타불

아미타불 아미타불 아미타불 아미타불
아미타불 아미타불 아미타불 아미타불
아미타불 아미타불 아미타불 아미타불
아미타불 아미타불 아미타불 아미타불
아미타불 아미타불 아미타불 아미타불
아미타불 아미타불 아미타불 아미타불
아미타불 아미타불 아미타불 아미타불

아미타불 아미타불 아미타불 아미타불
아미타불 아미타불 아미타불 아미타불
아미타불 아미타불 아미타불 아미타불
아미타불 아미타불 아미타불 아미타불
아미타불 아미타불 아미타불 아미타불
아미타불 아미타불 아미타불 아미타불

阿彌陀佛 本心微妙眞言
아미타불 본심미묘진언

다냐타 옴 아리다라 사바하

다냐타 옴 아리다라 사바하

다냐타 옴 아리다라 사바하

稽首西方安樂刹
개수서방안락찰 서방안락 정토향해 머리숙여 절하오니

接引衆生大導師
접인중생대도사 중생들을 맞이하는 크나크신 스승이여

我今發願願往生
아금발원원왕생 극락으로 왕생하기 발원하는 저희들을

唯願慈悲哀攝受
유원자비애섭수 자비로써 거두시어 받아들여 주옵소서

故我一心歸命頂禮
고아일심귀명정례 제가이제 일심으로 귀명예경 하나이다

南無　西方淨土　極樂世界
나무 서방정토 극락세계

서방정토 극락세계 계시옵는
아미타 부처님께 귀의합니다

나무아미타불　나무아미타불
나무아미타불　나무아미타불
나무아미타불　나무아미타불
나무아미타불　나무아미타불

나무아미타불 나무아미타불 나무아미타불
나무아미타불 나무아미타불 나무아미타불
나무아미타불 나무아미타불 나무아미타불
나무아미타불 나무아미타불 나무아미타불

나무아미타불 나무아미타불 나무아미타불
나무아미타불 나무아미타불 나무아미타불

나무아미타블 나무아미타블 나무아미타블
나무아미타블 나무아미타블 나무아미타블
나무아미타블 나무아미타블 나무아미타블

나무아미타블 　나무아미타블 　나무아미타블
나무아미타블 　나무아미타블 　나무아미타블
나무아미타블 　나무아미타블 　나무아미타블
나무아미타블 　나무아미타블 　나무아미타블
나무아미타블 　나무아미타블 　나무아미타블
나무아미타블 　나무아미타블 　나무아미타블
나무아미타블 　나무아미타블 　나무아미타블

아미타블 　아미타블 　아미타블 　아미타블
아미타블 　아미타블 　아미타블 　아미타블
아미타블 　아미타블 　아미타블 　아미타블
아미타블 　아미타블 　아미타블 　아미타블
아미타블 　아미타블 　아미타블 　아미타블
아미타블 　아미타블 　아미타블 　아미타블
아미타블 　아미타블 　아미타블 　아미타블

아미타불 아미타불 아미타불 아미타불
아미타불 아미타불 아미타불 아미타불
아미타불 아미타불 아미타불 아미타불
아미타불 아미타불 아미타불 아미타불
아미타불 아미타불 아미타불 아미타불
아미타불 아미타불 아미타불 아미타불

阿 彌 陀 佛　　本 心 微 妙 眞 言
아미타불 본심미묘진언
다냐타 옴 아리다라 사바하
다냐타 옴 아리다라 사바하
다냐타 옴 아리다라 사바하

稽 首 西 方 安 樂 刹
개수서방안락찰　　　서방안락 정토향해 머리숙여 절하오니

接 引 衆 生 大 導 師
접인중생대도사　　　중생들을 맞이하는 크나크신 스승이여

我 今 發 願 願 往 生
아금발원원왕생　　　극락으로 왕생하기 발원하는 저희들을

唯 願 慈 悲 哀 攝 受
유원자비애섭수　　　자비로써 거두시어 받아들여 주옵소서

故 我 一 心 歸 命 頂 禮
고아일심귀명정례　　　제가이제 일심으로 귀명예경 하나이다

南無　西方淨土　極樂世界
나무 서방정토 극락세계

서방정토 극락세계 계시옵는
아미타 부처님께 귀의합니다

나무아미타불 나무아미타불
나무아미타불 나무아미타불
나무아미타불 나무아미타불
나무아미타불 나무아미타불

나무아미타불 나무아미타불 나무아미타불
나무아미타불 나무아미타불 나무아미타불
나무아미타불 나무아미타불 나무아미타불
나무아미타불 나무아미타불 나무아미타불

나무아미타불 나무아미타불 나무아미타불
나무아미타불 나무아미타불 나무아미타불

나무아미타블 나무아미타블 나무아미타블
나무아미타블 나무아미타블 나무아미타블
나무아미타블 나무아미타블 나무아미타블

나무아미타블 나무아미타블 나무아미타블
나무아미타블 나무아미타블 나무아미타블
나무아미타블 나무아미타블 나무아미타블
나무아미타블 나무아미타블 나무아미타블
나무아미타블 나무아미타블 나무아미타블
나무아미타블 나무아미타블 나무아미타블
나무아미타블 나무아미타블 나무아미타블

아미타블 아미타블 아미타블 아미타블
아미타블 아미타블 아미타블 아미타블
아미타블 아미타블 아미타블 아미타블
아미타블 아미타블 아미타블 아미타블
아미타블 아미타블 아미타블 아미타블
아미타블 아미타블 아미타블 아미타블
아미타블 아미타블 아미타블 아미타블

아미타불 아미타불 아미타불 아미타불
아미타불 아미타불 아미타불 아미타불
아미타불 아미타불 아미타불 아미타불
아미타불 아미타불 아미타불 아미타불
아미타불 아미타불 아미타불 아미타불
아미타불 아미타불 아미타불 아미타불

阿 彌 陀 佛　　本 心 微 妙 眞 言
아미타불 본심미묘진언

다냐타 옴 아리다라 사바하

다냐타 옴 아리다라 사바하

다냐타 옴 아리다라 사바하

稽 首 西 方 安 樂 刹
개수서방안락찰　　　　서방안락 정토향해 머리숙여 절하오니

接 引 衆 生 大 導 師
접인중생대도사　　　　중생들을 맞이하는 크나크신 스승이여

我 今 發 願 願 往 生
아금발원원왕생　　　　극락으로 왕생하기 발원하는 저희들을

唯 願 慈 悲 哀 攝 受
유원자비애섭수　　　　자비로써 거두시어 받아들여 주옵소서

故 我 一 心 歸 命 頂 禮
고아일심귀명정례　　　　제가이제 일심으로 귀명예경 하나이다

南無 西方淨土 極樂世界
나무 서방정토 극락세계

서방정토 극락세계 계시옵는
아미타 부처님께 귀의합니다

나무아미타불　나무아미타불
나무아미타불　나무아미타불
나무아미타불　나무아미타불
나무아미타불　나무아미타불

나무아미타불 나무아미타불 나무아미타불
나무아미타불 나무아미타불 나무아미타불
나무아미타불 나무아미타불 나무아미타불
나무아미타불 나무아미타불 나무아미타불

나무아미타불 나무아미타불 나무아미타불
나무아미타불 나무아미타불 나무아미타불

나무아미타불 나무아미타불 나무아미타불
나무아미타불 나무아미타불 나무아미타불
나무아미타불 나무아미타불 나무아미타불

나무아미타불 나무아미타불 나무아미타불
나무아미타불 나무아미타불 나무아미타불
나무아미타불 나무아미타불 나무아미타불
나무아미타불 나무아미타불 나무아미타불
나무아미타불 나무아미타불 나무아미타불
나무아미타불 나무아미타불 나무아미타불
나무아미타불 나무아미타불 나무아미타불

아미타불 아미타불 아미타불 아미타불
아미타불 아미타불 아미타불 아미타불
아미타불 아미타불 아미타불 아미타불
아미타불 아미타불 아미타불 아미타불
아미타불 아미타불 아미타불 아미타불
아미타불 아미타불 아미타불 아미타불
아미타불 아미타불 아미타불 아미타불

아미타불　아미타불　아미타불　아미타불
아미타불　아미타불　아미타불　아미타불
아미타불　아미타불　아미타불　아미타불
아미타불　아미타불　아미타불　아미타불
아미타불　아미타불　아미타불　아미타불
아미타불　아미타불　아미타불　아미타불

阿彌陀佛　本心微妙眞言
아미타불　본심미묘진언
다냐타 옴 아리다라 사바하
다냐타 옴 아리다라 사바하
다냐타 옴 아리다라 사바하

稽首西方安樂刹
개수서방안락찰　　서방안락 정토향해 머리숙여 절하오니

接引衆生大導師
접인중생대도사　　중생들을 맞이하는 크나크신 스승이여

我今發願願往生
아금발원원왕생　　극락으로 왕생하기 발원하는 저희들을

唯願慈悲哀攝受
유원자비애섭수　　자비로써 거두시어 받아들여 주옵소서

故我一心歸命頂禮
고아일심귀명정례　　제가이제 일심으로 귀명예경 하나이다

南無　西方淨土　極樂世界
나무 서방정토 극락세계

서방정토 극락세계 계시옵는
아미타 부처님께 귀의합니다

나무아미타불　나무아미타불
나무아미타불　나무아미타불
나무아미타불　나무아미타불
나무아미타불　나무아미타불

나무아미타불 나무아미타불 나무아미타불
나무아미타불 나무아미타불 나무아미타불
나무아미타불 나무아미타불 나무아미타불
나무아미타불 나무아미타불 나무아미타불

나무아미타불 나무아미타불 나무아미타불
나무아미타불 나무아미타불 나무아미타불

나무아미타블 나무아미타블 나무아미타블
나무아미타블 나무아미타블 나무아미타블
나무아미타블 나무아미타블 나무아미타블

나무아미타블 나무아미타블 나무아미타블
나무아미타블 나무아미타블 나무아미타블
나무아미타블 나무아미타블 나무아미타블
나무아미타블 나무아미타블 나무아미타블
나무아미타블 나무아미타블 나무아미타블
나무아미타블 나무아미타블 나무아미타블
나무아미타블 나무아미타블 나무아미타블

아미타블   아미타블   아미타블   아미타블
아미타블   아미타블   아미타블   아미타블
아미타블   아미타블   아미타블   아미타블
아미타블   아미타블   아미타블   아미타블
아미타블   아미타블   아미타블   아미타블
아미타블   아미타블   아미타블   아미타블
아미타블   아미타블   아미타블   아미타블

아미타불 아미타불 아미타불 아미타불
아미타불 아미타불 아미타불 아미타불
아미타불 아미타불 아미타불 아미타불
아미타불 아미타불 아미타불 아미타불
아미타불 아미타불 아미타불 아미타불
아미타불 아미타불 아미타불 아미타

阿彌陀佛　本心微妙眞言
아미타불 본심미묘진언

다냐타 옴 아리다라 사바하

다냐타 옴 아리다라 사바하

다냐타 옴 아리다라 사바하

稽首西方安樂刹
개수서방안락찰

서방안락 정토향해 머리숙여 절하오니

接引衆生大導師
접인중생대도사

중생들을 맞이하는 크나크신 스승이여

我今發願願往生
아금발원원왕생

극락으로 왕생하기 발원하는 저희들을

唯願慈悲哀攝受
유원자비애섭수

자비로써 거두시어 받아들여 주옵소서

故我一心歸命頂禮
고아일심귀명정례

제가이제 일심으로 귀명예경 하나이다

南無　西方淨土　極樂世界
나무 서방정토 극락세계

서방정토 극락세계 계시옵는
아미타 부처님께 귀의합니다

나무아미타불　나무아미타불
나무아미타불　나무아미타불
나무아미타불　나무아미타불
나무아미타불　나무아미타불

나무아미타불 나무아미타불 나무아미타불
나무아미타불 나무아미타불 나무아미타불
나무아미타불 나무아미타불 나무아미타불
나무아미타불 나무아미타불 나무아미타불

나무아미타불 나무아미타불 나무아미타불
나무아미타불 나무아미타불 나무아미타불

나무아미타불 나무아미타불 나무아미타불
나무아미타불 나무아미타불 나무아미타불
나무아미타불 나무아미타불 나무아미타불

나무아미타불 나무아미타불 나무아미타불
나무아미타불 나무아미타불 나무아미타불
나무아미타불 나무아미타불 나무아미타불
나무아미타불 나무아미타불 나무아미타불
나무아미타불 나무아미타불 나무아미타불
나무아미타불 나무아미타불 나무아미타불
나무아미타불 나무아미타불 나무아미타불

아미타불 아미타불 아미타불 아미타불
아미타불 아미타불 아미타불 아미타불
아미타불 아미타불 아미타불 아미타불
아미타불 아미타불 아미타불 아미타불
아미타불 아미타불 아미타불 아미타불
아미타불 아미타불 아미타불 아미타불
아미타불 아미타불 아미타불 아미타불

아미타불 아미타불 아미타불 아미타불
아미타불 아미타불 아미타불 아미타불
아미타불 아미타불 아미타불 아미타불
아미타불 아미타불 아미타불 아미타불
아미타불 아미타불 아미타불 아미타불
아미타불 아미타불 아미타불 아미타불

阿 彌 陀 佛 本 心 微 妙 眞 言
아미타불 본심미묘진언
다냐타 옴 아리다라 사바하
다냐타 옴 아리다라 사바하
다냐타 옴 아리다라 사바하

稽 首 西 方 安 樂 刹
개수서방안락찰   서방안락 정토향해 머리숙여 절하오니

接 引 衆 生 大 導 師
접인중생대도사   중생들을 맞이하는 크나크신 스승이여

我 今 發 願 願 往 生
아금발원원왕생   극락으로 왕생하기 발원하는 저희들을

唯 願 慈 悲 哀 攝 受
유원자비애섭수   자비로써 거두시어 받아들여 주옵소서

故 我 一 心 歸 命 頂 禮
고아일심귀명정례   제가이제 일심으로 귀명예경 하나이다

南 無 西 方 淨 土 極 樂 世 界
나무 서방정토 극락세계

서방정토 극락세계 계시옵는
아미타 부처님께 귀의합니다

나무아미타불 나무아미타불
나무아미타불 나무아미타불
나무아미타불 나무아미타불
나무아미타불 나무아미타불

나무아미타불 나무아미타불 나무아미타불
나무아미타불 나무아미타불 나무아미타불
나무아미타불 나무아미타불 나무아미타불
나무아미타불 나무아미타불 나무아미타불

나무아미타불 나무아미타불 나무아미타불
나무아미타불 나무아미타불 나무아미타불

나무아미타불 나무아미타불 나무아미타불
나무아미타불 나무아미타불 나무아미타불
나무아미타불 나무아미타불 나무아미타불

나무아미타불 나무아미타불 나무아미타불
나무아미타불 나무아미타불 나무아미타불
나무아미타불 나무아미타불 나무아미타불
나무아미타불 나무아미타불 나무아미타불
나무아미타불 나무아미타불 나무아미타불
나무아미타불 나무아미타불 나무아미타불
나무아미타불 나무아미타불 나무아미타불

아미타불 아미타불 아미타불 아미타불
아미타불 아미타불 아미타불 아미타불
아미타불 아미타불 아미타불 아미타불
아미타불 아미타불 아미타불 아미타불
아미타불 아미타불 아미타불 아미타불
아미타불 아미타불 아미타불 아미타불
아미타불 아미타불 아미타불 아미타불

아미타블 아미타블 아미타블 아미타블
아미타블 아미타블 아미타블 아미타블
아미타블 아미타블 아미타블 아미타블
아미타블 아미타블 아미타블 아미타블
아미타블 아미타블 아미타블 아미타블
아미타블 아미타블 아미타블 아미타블

阿 彌 陀 佛　　本 心 微 妙 眞 言
아미타블 본심미묘진언

다냐타 옴 아리다리 사바하

다냐타 옴 아리다리 사바하

다냐타 옴 아리다리 사바하

稽 首 西 方 安 樂 刹
개수서방안락찰　　　서방안락 정토향해 머리숙여 절하오니

接 引 衆 生 大 導 師
접인중생대도사　　　중생들을 맞이하는 크나크신 스승이여

我 今 發 願 願 往 生
아금발원원왕생　　　극락으로 왕생하기 발원하는 저희들을

唯 願 慈 悲 哀 攝 受
유원자비애섭수　　　자비로써 거두시어 받아들여 주옵소서

故 我 一 心 歸 命 頂 禮
고아일심귀명정례　　　제가이제 일심으로 귀명예경 하나이다

南無　西方淨土　極樂世界
나무 서방정토 극락세계

서방정토 극락세계 계시옵는
아미타 부처님께 귀의합니다

나무아미타불　나무아미타불
나무아미타불　나무아미타불
나무아미타불　나무아미타불
나무아미타불　나무아미타불

나무아미타불 나무아미타불 나무아미타불
나무아미타불 나무아미타불 나무아미타불
나무아미타불 나무아미타불 나무아미타불
나무아미타불 나무아미타불 나무아미타불

나무아미타불 나무아미타불 나무아미타불
나무아미타불 나무아미타불 나무아미타불

나무아미타불 나무아미타불 나무아미타불
나무아미타불 나무아미타불 나무아미타불
나무아미타불 나무아미타불 나무아미타불

나무아미타불 나무아미타불 나무아미타불
나무아미타불 나무아미타불 나무아미타불
나무아미타불 나무아미타불 나무아미타불
나무아미타불 나무아미타불 나무아미타불
나무아미타불 나무아미타불 나무아미타불
나무아미타불 나무아미타불 나무아미타불
나무아미타불 나무아미타불 나무아미타불

아미타불 아미타불 아미타불 아미타불
아미타불 아미타불 아미타불 아미타불
아미타불 아미타불 아미타불 아미타불
아미타불 아미타불 아미타불 아미타불
아미타불 아미타불 아미타불 아미타불
아미타불 아미타불 아미타불 아미타불
아미타불 아미타불 아미타불 아미타불

아미타불 아미타불 아미타불 아미타불
아미타불 아미타불 아미타불 아미타불
아미타불 아미타불 아미타불 아미타불
아미타불 아미타불 아미타불 아미타불
아미타불 아미타불 아미타불 아미타불
아미타불 아미타불 아미타불 아미타불

阿彌陀佛 本心微妙眞言
아미타불 본심미묘진언

다냐타 옴 아리다리 사바하

다냐타 옴 아리다리 사바하

다냐타 옴 아리다리 사바하

稽首西方安樂刹
개수서방안락찰
서방안락 정토향해 머리숙여 절하오니

接引衆生大導師
접인중생대도사
중생들을 맞이하는 크나크신 스승이여

我今發願願往生
아금발원원왕생
극락으로 왕생하기 발원하는 저희들을

唯願慈悲哀攝受
유원자비애섭수
자비로써 거두시어 받아들여 주옵소서

故我一心歸命頂禮
고아일심귀명정례
제가이제 일심으로 귀명예경 하나이다

영험 크고 성취 빠른 각종 사경집 (책 크기 4×6배판)

광명진언 사경 가로·세로쓰기
(1책으로 1080번 사경) 128쪽 5,000원
모든 불보살님의 총주總呪인 광명진언을 사경하면
그 가피력은 이루 다 말할 수 없을 정도입니다. 하루
108번씩 100일 동안 사경을 행하면 우리에게 크나큰
성취를 안겨주고 심중의 소원이 잘 이루어집니다.

반야심경 한글사경 (1책 50번 사경) 116쪽 5,000원
반야심경 한문사경 (1책 50번 사경) 116쪽 5,000원
반야심경을 사경하면 호법신장이 '나'를 지켜주고 공
의 도리를 깨달아 평화롭고 안정된 삶이 함께합니다.

아미타경 한글사경 (1책 7번 사경) 116쪽 5,000원
살아 생전에 아미타경을 사경하거나, 부모님을 비롯
한 가까운 분이 돌아가셨을 때 이 경을 쓰면 극락왕
생이 참으로 가까워집니다.

관음경 한글사경 (1책 5번 사경) 112쪽 5,000원
관음경을 사경하면 가피가 한량이 없고 늘 행복이 함
께 합니다. 학업성취·건강쾌유·자녀의 성공·경제
문제 등에도 영험이 매우 큽니다.

신묘장구대다라니 사경 (1책 50번 사경) 5,000원
대다라니를 사경하면 관세음보살님과 호법신장들이
'나'와 주위를 지켜주고 소원성취와 동시에, 행복하고
자비심 가득한 마음을 가질 수 있도록 해줍니다.

보현행원품 한글사경 (1책 3번 사경) 120쪽 5,000원
행원품을 사경하면 자리이타의 삶과 업장 참회, 신
통·지혜·복덕·자비 등을 빨리 이룰 수 있고 세세생
생 불법과 함께 하며 보살도를 성취할 수 있습니다.

부모은중경 사경 (1책 3번 사경) 112쪽 5,000원
부처님께서는 부모님의 은혜를 새기면서 이 경을 쓰
게 되면 그 어떤 행보다 큰 공덕이 생겨난다고 하였습
니다. 정성 들여 사경하면 뜻하는 바가 이루어집니다.

아미타불 명호사경 (1책으로 5,400번 사경) 160쪽 6,000원
'나무아미타불'과 '아미타불'을 오회염불법에 따라 외
우고 쓰는 특별한 명호사경집입니다. 집중력을 더하
여, 심중 소원 성취에 큰 도움을 줍니다.

금강경 한글사경 (1책 3번 사경) 144쪽 6,000원
금강경 한문사경 (1책 3번 사경) 144쪽 6,000원
금강경 한문한글사경 (1책 1번 사경) 100쪽 4,000원
요긴하고 으뜸된 경전인 금강경을 사경해 보십시오
업장소멸과 함께 크나큰 깨달음과 좋은 일들이 저절
로 다가옵니다.

법화경 한글사경 (전5책) 권당 5,000원 총 25,000원
법화경을 사경하면 부처님과 대우주법계의 한량없는
가피가 저절로 찾아들어 소원성취·영가천도는 물론
이요 깨달음과 경제적인 풍요까지 안겨줍니다.

약사경 한글사경 (1책 3번 사경) 112쪽 4,000원
약사경을 사경하면 약사여래의 가피가 저절로 찾아들
어, 병환의 쾌차, 집안 평안, 업장소멸을 비롯한 갖가
지 소원을 쉽게 성취할 수 있습니다.

천수경 한글사경 (1책 7번 사경) 112쪽 5,000원
천수경을 사경하고 독송하면 천수관음의 가피가
절로 찾아들어, 업장 및 고난의 소멸과 갖가지 소원
쉽게 성취할 수 있습니다.

지장경 한글사경 (1책 1번 사경) 144쪽 6,000원
지장경을 사경하고 영가천도는 물론이요, 각종 장
가 저절로 사라지고 심중의 소원이 성취됩니다. 백
또는 49일 동안의 사경기도를 감히 권해 봅니다.

화엄경약찬게 사경 (1책 12번 사경) 112쪽 5,000원
화엄경약찬게를 쓰면 화엄경 한 편을 읽는 것과 같
공덕이 생긴다고 하였습니다. 약찬게를 써 보십시
수많은 가피가 함께 찾아듭니다.

천지팔양신주경 사경 (1책 3번 사경) 112쪽 5,000원
옛부터 건축·결혼·출산·사업·죽음 등 평생의
중에서 중요한 때마다 읽고 쓰면 크게 길하고 이롭
장수하고 복덕을 갖추게 된다고 전해지고 있습니다

보왕삼매론 사경 (1책으로 27번 사경) 120쪽 5,000원
삶의 문제들을 지혜롭게 해결하는 방법을 제시한
왕삼매론을 사경하면 생활 속의 걸림돌이 디딤돌
바뀌고 고난이 사라져 편안하고 행복해집니다.

관세음보살 명호사경 (1책으로 5천4백번 사경) 108쪽 5,000원
지장보살 명호사경 (1책으로 5천번 사경) 108쪽 5,000원
'관세음보살'이나 '지장보살'의 명호를 쓰면서 입으로 외우고 마음에 새기면, 관세음보살님과 지장보살님의 가
입어 몸과 마음이 큰 변화를 이루고, 마음속의 원을 능히 성취할 수 있습니다.

기도 및 영가천도 법보시용으로 좋은 책 <small>(책 크기 신국판)</small>

광명진언 기도법 / 일타스님·김현준　6,000원
광명진언 속에 새겨진 참의미와 바른 기도법, 빠른 기도
성취법 등을 자상하게 설하고, 유형별 기도성취 영험담
을 다양하게 수록하였습니다.　(180쪽)

생활 속의 기도법 / 일타스님　6,000원
여러 가지 상황에 따른 구체적인 기도방법에서부터 기
도할 때 지녀야 할 마음가짐까지, 자상한 문체로 예화
를 섞어 쉽고 재미있게 엮었습니다.　(160쪽)

기 도祈禱 / 일타스님　9,000원
총 6장 52편의 다양한 기도성취 영험담으로 엮어진 이
책을 읽다보면 올바른 기도법과 기도성취의 지름길을
알 수 있게 됩니다.　(240쪽)

기도 성취의 지름길 / 우룡스님　5,000원
가족을 향한 참회와 3배 기도의 큰 영험에 대해, 그리고
믿음·정성과 함께 기도의 고비를 잘 넘길 것을 설한 감
동적인 기도법문집.　(4X6판 160쪽)

기도 이야기 / 우룡스님　7,000원
총 6장 45편의 다양한 이야기와 이야기 끝에 붙인 스님
의 해설을 읽고 기도하면 감응의 길이 열리면서 심중소
원을 성취하게 됩니다.　(204쪽)

불교의 자녀사랑 기도법 / 김현준　6,000원
부처님의 가르침에 의지하여 정립한 이 책의 내용에 따
라 자녀를 사랑하고 기도하면 자녀들이 뜻하는 바 소원
을 성취하고 행복과 평화를 누릴 수 있습니다.　(240쪽)

화엄경약찬게 풀이 / 김현준　8,000원
화엄경약찬게는 매우 난해하지만 이 풀이를 본 다음에
읽으면 명확하게 파악할 수 있고 화엄경의 내용까지 꿰
뚫어, 대화엄의 세계에서 노닐 수 있게 됩니다.　(216쪽)

● 부처님오신날 법보시용으로 좋은 휴대용 불서 ●

제목	저자	판형	쪽수	가격
행복과 성공을 위한 도담 / 경봉스님		4×6판	100쪽	3,500원
일상기도와 특별기도 / 일타스님		4×6판	100쪽	3,500원
불교예절입문 / 일타스님		4×6판	100쪽	3,500원
행복을 여는 감로법문 / 일타스님		4×6판	100쪽	3,500원
불자의 삶과 공부 / 우룡스님		4×6판	100쪽	3,500원
불성 발현의 길 / 우룡스님		4×6판	100쪽	3,500원
광명진언 기도법 / 일타스님·김현준		4×6판	100쪽	3,500원
부왕삼매론 풀이 / 김현준		4×6판	100쪽	3,500원
낮잠자는 부처님 / 김현준 엮음		4×6판	100쪽	3,500원

〈가지고 다니면서 틈틈이 읽게 되면 신행생활과 기도에 큰 도움이 됩니다〉

참 회 / 김현준　　4×6판 160쪽 5,500원
불교의 참회는 잘못을 뉘우치고 용서를 받는
차원을 넘어 영원한 자유와 행복을 얻는 깨달음
을 목표로 하고 있습니다. 참회의 끝은 해탈입
니다. 대해탈입니다. 이제 이 책 속으로 들어가
참회의 방법과 해답을 찾고 참회를 통하여 평안
을 얻고 향상의 길로 나아갑시다.

신묘장구대다라니기도법 우룡스님·김현준
신묘장구대다라니의 가피와 공덕, 다라니의 뜻풀이, 자
세하게 설명한 기도의 방법과 주의할 점, 14편의 영험담
을 함께 수록하였습니다.　(208쪽 7,000원)

영가천도 / 우룡스님　6,000원
영가천도의 필요성과 기본자세, 염불·독경·사경을 통
한 영가천도, 49재 등 영가천도에 관한 여러 궁금증을
스님의 자세한 법문으로 풀어드립니다.　(160쪽)

기도성취 백팔문답 / 김현준　9,000원
기도와 믿음·업장소멸의 방법·꾸준한 기도의 효험·원
을 세우는 법·축원법·기도가피와 기도성취의 시기 등
을 문답식으로 풀이하였습니다.　(240쪽)

윤회와 인과응보 이야기 / 일타스님 9,000원
"인간은 과연 윤회하는 존재인가? 내가 지은 업은 어떻
게 전개되는가?" 49가지 이야기로 엮은 이 책을 읽다
보면 그 해답을 명확하게 얻을 수 있습니다.　(242쪽)

참회와 사랑의 기도법 / 김현준　7,000원
문답을 통해 참회의 정의에서부터 참회기도를 해야 하
는 까닭, 가족을 향한 참회법 등에 대해 아주 상세히 설
하고 있습니다.　(192쪽)

⊙ 불교 3대신앙의 진면모와 그 기도법을 쉽게 설명한
미타신앙·미타기도법 / 김현준　신국판 160쪽 6,000원
관음신앙·관음기도법 / 김현준　신국판 240쪽 9,000원
지장신앙·지장기도법 / 김현준　신국판 190쪽 7,000원

참회·참회기도법 / 김현준　　　신국판 160쪽 6,000원

선가귀감　　　서산대사 저 김현준 역
(한글 한문 대조본) 4×6배판 136쪽 6,000원
휴대용 4×6판 160쪽 5,500원
선禪에 대한 다양한 가르침을 중심에 두고
참회·염불·계율·육바라밀·도인의 삶 등을
간절하게 설하여 불자들의 신심과 정진에 큰
도움을 주는 소중한 책입니다.

다량의 법보시는 할인혜택을 드립니다.
전화 02-587-6612, 582-6612 팩스 02-586-9078

엮은이 김현준 金鉉埈

  불교신행연구원 원장, 월간 「법공양」 발행인 겸 편집인, 효림출판사와 새벽숲출판사의 주
필 및 고문으로 활동하고 있다.
  저서로는 『미타신앙·미타기도법』·『광명진언 기도법』·『신묘장구대다라니 기도법』·『참회·
참회기도법』·『불자의 자녀사랑 기도법』·『사찰 그 속에 깃든 의미』·『사성제와 팔정도』·『육
바라밀』·『화엄경 약찬게 풀이』 등 30여 종이 있으며, 불자들의 신행을 돕는 사경집 20여 종
과 한글 번역서 『법화경』·『원각경』·『지장경』·『육조단경』·『약사경』·『승만경』·『부모은중
경』·『보현행원품』·『자비도량참법』·『선가귀감』 등 10여 종이 있다.

아미타불 명호 사경

초 판 1쇄 펴낸날 2021년 7월 15일
        3쇄 펴낸날 2025년 5월 14일

엮은이 김현준
펴낸이 김연수
고 문 김현준

펴낸곳 새벽숲
등록일 2009년 12월 28일 (제321-2009-000242호)
주 소 서울특별시 서초구 반포대로14길 30, 906호 (서초동, 센츄리I)
전 화 (02) 582~6612·587~6612
팩 스 (02) 586~9078
이메일 hyorim@nate.com

값 6,000원

ⓒ 새벽숲 2021
ISBN 979-11-87459-09-5 (03220)